前　言

当今社会所处的是一个销售为赢的时代。销售已大大超出原来职业的含义，而成为一种生活方式、一种贯穿和渗透于各种活动中的生活理念。销售人员能搞定客户是生存，让客户追随自己是发展。销售中可运用的战术也是变幻无常的，但"心理战术"却是隐藏在所有战术背后的最根本力量。人人都想在这场残酷的销售战争中赢得滚滚财源，但是并非每个人都能真正懂得销售战的谋略。

你是否计算过，有多少次你花了很多时间进行说服后，对方却告诉你"不要再说了，我完全没兴趣""我很喜欢，但是我必须去问"……或是客户和你互动很久，你甚至认为彼此是生死至交了，对方却问你："你刚刚说要推荐给我什么？"这些回答保证让你无语问苍天。说不定还在心里暗暗埋怨客户："既然不想买或根本不能决定能不能买，为什么不早说？"又或者当客户进门，你微笑着走上前去，结果原本认真看着产品的客户居然落荒而逃，甚至赏你白眼儿，让你忍不住在心里嘀咕："怎么尽是遇到一些怪人……"当你总是因对方的这种拒绝或莫名动作而浮现这些想法时，那么我们确定你将会很需要《销售技巧》这本书。

1

销售技巧

世界500强热捧的超级销售员营销策略和销售技巧

深入洞察客户购买心理
颠覆传统销售思维模式

郭　月◎著

深度成交
销售就是会玩转情商

100万销售精英都在用的实战方法
帮你快速提升销售业绩

北方妇女儿童出版社
·长春·

图书在版编目（CIP）数据

销售技巧 / 郭月著. -- 长春 : 北方妇女儿童出版
社, 2019.3（2023.12重印）

　　ISBN 978-7-5585-3241-2

　　Ⅰ.①销… Ⅱ.①郭… Ⅲ.①销售－商业心理学
Ⅳ.①F713.55

中国版本图书馆CIP数据核字（2018）第291380号

销售技巧

出 版 人	师晓晖	
封面设计	艺和天下	
责任编辑	张晓峰	
开　　本	32	
印　　张	6	
字　　数	145千字	
印　　刷	唐山市铭诚印刷有限公司	
版　　次	2019年3月第1版	
印　　次	2023年12月第2次印刷	
出　　版	北方妇女儿童出版社	
发　　行	北方妇女儿童出版社	
地　　址	长春市福祉大路5788号龙腾国际出版大厦A座	
电　　话	编辑部：0431-81629613	
定　　价	45.00元	

C目录
ONTENTS

第一章　掌握一定的销售技巧

主动找方法才能解决问题／1

找出决定销售的关键点／3

掌握销售中的示范技巧／6

让老客户帮你找客户／9

老客户是一座金矿／10

建立客户推介系统／12

不可浪费客户的时间／14

交易要以"诚"为本／18

充分利用每一天／21

第二章　充分准备，把握时机

彻底了解你的公司／23

对你公司的产品要了如指掌／27

了解竞争者的状况／31

充分了解顾客的需求／34

掌握有关情报的重要性／35

为销售工作打下良好的开端／37

第三章　抓住客户的心理

快速把握客户的兴趣集中点／43

寻找客户感兴趣的话题／45

转盘一样的话题 / 46

用一段动听的故事签下一笔买单 / 47

从好奇心上做文章 / 49

应对不同类型的客户 / 51

建立默契的客户关系 / 52

站在客户的角度思考 / 55

慎重选定访问的时间 / 57

用优质的服务赢得客户的信任 / 59

面对顾客的拒绝，思路要清晰 / 63

第四章　制定目标

设立切实可行的目标 / 68

了解顾客的类型 / 71

寻找潜在顾客 / 73

寻找目标顾客 / 76

吸引购买者的注意力 / 79

第五章　要有长远的眼光

积极而不心急 / 84

心急吃不了热豆腐 / 87

用耐心感动顾客 / 89

敢于承担责任 / 91

承诺的力量 / 93

耕耘与收获永远成正比 / 96

第六章　树立良好的心态

我相信，我一定行 / 99

追求进步，全力以赴 / 103

不怕失败，越挫越勇 / 106

自信是做好一切的基础 / 110

做个干劲儿十足的顶尖销售员 / 112

第七章　真诚赢得客户尊重

千万不要低估客户 / 115

微笑是你成功的一把钥匙 / 117

满足客户的意愿 / 119

对待客户要一心一意 / 122

提供尽善尽美的服务 / 124

第八章　掌握与客户沟通的技巧

与顾客沟通的方式 / 128

语言沟通方式的两种形式 / 132

好口才让你产生自信 / 137

目
录

销售员要学会倾听 / 141

提高与顾客的沟通效果 / 143

尽量减少沟通失败的可能性 / 147

第九章　切忌喋喋不休

亲和友善的待人方式 / 153

喋喋不休是销售中的大忌 / 156

取信于人才能让人信赖 / 158

让你的声音富有魅力 / 160

用言语刺激客户的购买欲 / 164

对顾客一定要讲实话 / 166

第十章　热忱相待

销售需要关爱和热情 / 169

"真、善、美"式的服务 / 172

热忱的人总能高效地完成任务 / 174

为客户多做一些 / 177

顾客永远是对的 / 180

耐心记录资料会给你意外的惊喜 / 181

第一章
掌握一定的销售技巧

　　主动找方法解决问题并能找到办法解决问题的人，总是社会的稀有资源。不管是过去还是现在，不管是国内还是国外，只要有这样的人出现，他们就能够像明星一样闪耀。哪怕他没有刻意去追求机会，机会也会主动找上门来。

　　作为一名销售员，如果想要成功地将企业的产品销售出去，你就必须掌握一定的销售技巧。

主动找方法才能解决问题

　　假如你通过找方法做了一件乃至几件让人佩服的事，就能很快脱颖而出并获取更多的发展机会。

　　在2002年9月的世界华商大会上，一位杨姓著名华商的发言，给大家留下了深刻的印象。

杨先生是浙江温州人，十多年前，他的一位远房亲戚在欧洲开饭店，邀请他过去帮忙。没料到，他到欧洲不久，亲戚就突然患病去世了，饭店很快也垮了。

杨先生不想回国，就在当地找了份工作。几年后，他到了一家中等规模的保健品厂工作。公司的产品不错，但知名度却很有限。

他从推销员干起，一直做到主管。一次他坐飞机出差，不料却遇到了意想不到的劫机事件。度过了惊心动魄的十个小时后，在各界的努力下，危机终于解除了，他可以回家了。就在要走出机舱的一瞬间，他突然想到在电影中经常看到的情景：当被劫机的人从机舱走出来时，总会有不少记者前来采访。

为什么自己不利用这个机会，宣传一下自己的公司形象呢？

于是，他立即做了一个在那种情况下谁都没想到的举动：从箱子里找出一张大纸，在上面浓描重抹了一行大字："我是××公司的××，我和公司的××牌保健品安然无恙，非常感谢解救我们的人！"

他打着这样的牌子一出机舱，立即就被电视台的镜头捕捉住了。他立刻成了这次劫机事件的明星，很多家新闻媒体都对他进行了采访报道。

等他回到公司的时候，公司的董事长和总经理带着所有的中层主管，都站在门口夹道欢迎他。原来，他在机场别出心裁的举动，使得公司和产品的名字几乎在一瞬间家喻户晓了。公司的电话都快被打爆了，客户的订单更是一个接一个。董事长动情地说："没想到你在那样的情况下，首先想到的竟然是公司和产品。毫无疑问，你是最优秀的推销主管！"董事长当场宣读了对他的任命书：主管营销和公关的副总经理。之后，公司还奖励了他一笔丰厚的奖金。

杨先生的故事，说明了一个道理：在任何单位、任何机构，能够主动找方法解决问题的人，最容易脱颖而出！

方法能为人解除不便，能够让他人有更大的发展，更能给单位创造最直接的效益。哪个单位的领导，能不格外重视想方法帮单位解决问题的人呢？

其实，主动找方法解决问题并能找到办法解决问题的人，总是社会的稀有资源。不管是过去还是现在，不管是国内还是国外，只要有这样的人出现，他们就能够像明星一样闪耀。哪怕他没有刻意去追求机会，机会也会主动找上门来。

问一问自己：是否解决了一个或几个棘手的问题，给别人留下了深刻的印象？是否做了几件业绩突出的事情，让你的领导和其他人十分欣赏？

假如你还没有，赶快补课吧。假如你通过行动做了一件乃至几件让人佩服的事，你就会迎来更多的发展机会，从成功走向更大的成功！

找出决定销售的关键点

认知顾客购买的原因，可使你在销售过程中无往不利。

有时，某些潜在客户并不清楚自己目前最需要的是什么，以纽约的纺织业为例，在投保时，他们考虑的最重要的一点是："哪一家保险公司的保费最低？"基于这样的想法，纺织界的主管也就日夜被保险公司的业务员所"逼迫",迟迟无法做最后的决定。

如果销售员遇到这种情况,不妨改变做法,探求顾客购买的原因。也就是说,改正对方认为什么才是决定购买重点的错觉,从所有事项中,以实际上最重要的问题作为改变对方想法的线索。

让我们再来看看林肯曾说过的话:"在一场官司的辩论过程中,如果第七点议题是关键所在,我宁愿让对方在前六点占上风,而我在最后的第七点获胜。这一点正是我经常打赢官司的主要原因。"

由此可见,找出决定销售的重点,即所谓的"关键点"并把握此点何其重要。

林肯在"岩石岛铁路审判案"中,便将这一招数运用得恰到好处。审判的最后一天,对方律师整整花了两个小时来总结此案,林肯原本可以针对他所提出的论点加以驳斥,但他并未如此做,而是将论点集中于最重要的关键点上,一共花了不到一分钟的时间,最后赢得了这场官司。

在数以千计的销售员当中,大部分人都毫不在意顾客决定购买其商品的主要因素,根本不清楚这个最重要的关键点。或许他们知道应注意此点,但究竟什么是"主要因素"呢?简单地说有以下几个方面:

(1)最基本的需求何在?

(2)最感兴趣的一点是什么?

(3)最弱的一环是什么?

那么,要如何掌握促使顾客购买的主要因素呢?首先,你要刺激、鼓励潜在客户说话。不过,如果你的顾客只列举了四五个他不想购买的理由时,你便急于跟他解释或驳倒他,你的销售必定无法成功。

但是，如果你安排对方继续说下去，对方极可能在不知不觉中反倒帮了你的大忙，使交易更快成功。为什么呢？因为，在这四五个理由中，他会执着于谈论自己最关心的那一点上，说个没完。因此，有时不妨视时间与地点放缓节奏，等他谈话暂告一段落后，再针对他那一点理由互相讨论，如此即可发现此理由确实是他决定购买与否的关键因素，一般而言，运用此法总是万无一失，相当有效。

下面让我们看一则故事，这是雪弗莱汽车公司公关经理威廉·鲍尔所提到的购房经验。

我打算在底特律买一栋房子，所以找不动产公司的房地产经纪人，他是我所见过的销售员中最机灵的一个，他仔细聆听我的话后，发现我此生最大的愿望是拥有一栋属于自己的家，于是他开车载我到离底特律约20千米的一个地方，带我进入一栋有美丽绿地屋宇的后院，放眼望去尽是苍郁的绿树。他说："真了不起，你看！一共有18株呢？"

我注视着那些大树，不禁赞叹不已，内心极为钟爱，我问他房子的售价，他开了一个天文数字给我，我立刻回答："太离谱儿了。你再仔细算算看，能便宜到什么程度？"但他一毛钱都不肯减价，我忍不住大声说："你有没有搞错，这房子根本不值那么多钱。"他则回答："你也许可以买到比较便宜的房子……但是，你看，那些树木，一株、两株、三株……"我每次一提到价钱，他便开始数起树木的株数，绝口不提房子。

这真是高明的销售术，他抓住了我的弱点，在聆听我的谈话中，发现我最渴望的东西，再销售这样的东西给我。

纽约某个24小时营业的俱乐部里，有位身体魁梧的壮汉以挨打专供客户取乐，客人可以猛击他的腹部。有几位客人好奇地上前一试，可是他们挥出的拳头丝毫动摇不了这位壮汉。

有一天，客人中有位看起来十分威武有力的瑞士佬儿，由于他对英文一窍不通，该俱乐部的节目主持人费尽唇舌向他解释，并以手势请他上台一试。于是，瑞士佬儿脱下外套，卷起袖子，做了一个深呼吸来壮胆，他一跃上台，朝台上的壮汉一拳击去，但他并不是击壮汉的腹部，而是往他的下颌猛力一击，将他击倒了。

由于误解击拳的位置，这位瑞士佬儿"误打误撞"，运用了销售过程中最重要的一招——找出对方最脆弱的一环，然后集中全力朝关键点出击。

事实上，潜在客户往往并不清楚他们真正的需求。以前面提过的纽约纺织业为例，这些纺织公司一直认为自己最在意的一点是投保费用的低廉。每天从早至晚，有许多保险公司的业务员来拜访他们，都声称自己公司的保费最便宜，这些业务员就像俱乐部里的来宾一样，只知朝壮汉的腹部猛击，不知如此做法完全徒劳无功、无济于事，而瑞士佬儿的做法正是找出了对方的弱点，予以强力一击，最后终于将壮汉打倒。

掌握销售中的示范技巧

精彩的示范技巧可以使你的销售工作更为出色。

在发现了客户的兴趣集中点后可以重点示范给他们看，以证明你的产品可以解决他们的问题，适合他们的需求。当然如果你的客户是随和型的，并且当时的气氛极好，时间充裕，你可以从容不迫地将产品的各个方面展示给客户。但是，大部分顾客都不会喜欢你占用他们过多的时间，所以有选择、有重点地示范产品还是很有必要的。比如你销售新型的食物处理机，而你的客户已有了一台老式处理机，这时你只要向他示范你的机器的新功能就可以了，而如果你将所有的功能示范一遍。反而会给客户造成一种印象：这机器的大部分功能我的机器已经有了，不换也罢。这样就将对你有利的因素混在冗长的示范中难以得到突出。

在示范时你可以请客户帮你一点儿小忙，或借用他方便而不贵重的用具等，总之想办法让客户参与进来，而不是在一边冷眼旁观。如果你销售的产品使用起来很方便或是人们经常使用的，那么你放心地让客户去试用，效果一定不错。例如吸尘器，让客户自己使用一下以感觉它的风力大与噪声小，一定会好于他看你表演。

在示范过程中，你的新奇动作也会有助于提高客户的兴趣。比如，一般销售干洗剂的销售员会携带一块脏布，当着客户的面将干洗剂喷涂在上面，然而如果你一改常态，先将穿在自己身上的衣服袖子弄脏一小块，然后再洗干净它，这样的示范效果一定要好于前者。对于商品的特殊性质，新奇的动作往往会将它们表现得淋漓尽致。比如钢化玻璃，你尽管大胆地把它们扔在地上，当然你带着铁锤和不同质地的玻璃给客户示范，效果一定会不错。

在示范过程中，一定要做到动作熟练、自然，给客户留下利落、能干的印象，同时也会对自己驾驭产品产生信心。做示范时一定要注意对产品不时流露出爱惜的感情，谨慎而细心地触摸会使客户在无形中感受到商品的贵重与稀缺。切不可野蛮操作。谨记你的态度将直接影响客户的选择。

在整个示范过程中，你还要做到心境平和，从容不迫。

一旦出现问题，你不妨表现得幽默一点儿，让客户了解这只是个意外罢了，那么谨慎地再来一次示范是必不可少的。例如，当你销售钢化玻璃，你的示范动作是举起铁锤砸玻璃。理想状态是玻璃安然无恙。而当你向客户介绍了这种玻璃的各项指数，并开始示范，客户已想象到了结果是玻璃并不会碎，谁知恰恰相反。玻璃碎了。这时你怎么办呢？你一定不要面露惊慌之色，你可以平静地告诉客户："像这样的玻璃我们是绝对不会卖给您的。"随后再示范几次，这样就化险为夷了，也许还会增加客户对产品的印象。

在示范时你还要注意以下几个方面：

（1）在示范前对产品的优点强调过多，从而使客户的期望值过高，而在整个示范中尽管你和你的产品均表现出色，但却不能使客户满意。这显然是自己给自己设了一个陷阱。在介绍产品时不要过分夸张，一味强调优点，而是让事实代你说话。你只要充分展示出产品的特性与功能，客户自然会感觉到。而与此同时，主动介绍一点儿这种产品设计上有待突破同时又无伤大雅的地方，也是大有益处的。本来这世上就没有十全十美的东西，由你自己点出来总比让客户发现而你又在极力隐瞒强得多。

（2）销售员过高估计自己的表演才能。在示范过程中极力表现自己，这也是造成失误的原因。在示范中加入一些表演成分的确可以加深客户印象。但如果过分表现自己，则容易给人造成华而不实的感觉。而销售员又不是演员，一定不要太过表演，其实娴熟的动作以及简练的语言、优雅的举止才是一位出色的销售员最好的个人表现。

（3）在示范过程中只顾自己操作，而不去注意客户的反应。这是示范中的大忌。如果在示范中客户提出疑问，这说明他开始注意并且已经跟上你的思路，这时你要针对问题重点示范或重复示范，不能在示范中留下疑问不去解决。

总的来说，示范存在缺陷的原因主要有以上几点，只要你努力去避免上述情况，再加上你熟练的动作和幽默的语言，一定会精彩地完成示范，达到强化客户兴趣的目的。

让老客户帮你找客户

他一个人在沙漠里穿行。三天前，他水壶里的水就已经被喝干。烈日下他踽踽独行，干裂的嘴唇呼出的空气像火一般炎热。

终于，他惊喜地发现在不远处有一个手动的压水泵。他兴奋地走近，疯狂地用手压着水泵的手柄。然而压水泵的皮圈也因过于干燥，根本吸不出水，只是伴随着嘎嘎的声音做着活塞运动。

当他最终停止了无益的运动，非常沮丧时，却发现压水泵上贴着一张字条："口渴的旅客，我要告诉你四件事：第一，最近的绿洲离此地有100公里左右；第二，你脚下的沙子中埋着一整瓶矿泉水；第三，如果将这瓶矿泉水喝掉，可以解你一时之渴；第四，如果将这瓶矿泉水倒进压水泵里，润滑了干燥的皮圈后，你就可以泵出大量干净的饮用水——不过你必须要压动手柄20分钟。"

　　在这种情况下，该如何选择呢？如果贪图一时之快，喝光了那瓶矿泉水，他极有可能渴死在通往绿洲的路上；如果他能忍住一时之渴，把那瓶矿泉水倒入压水泵中，经过20分钟的劳动，他就可以把自己干涸的胃和水壶全部灌满。

　　聪明的销售员会在沙漠般的市场中建起许多"压水泵"——老客户，并且总是准备好润滑用的"矿泉水"——优良的售后服务。他们经常用一瓶水，从容地从老客户这口井中压出一桶或更多的水——他们以这种方式在沙漠中行走，是永远不会渴死的。

老客户是一座金矿

　　虽然那些平庸的销售员每天都忙于开发新客户，他们的业绩却并不理想；而一些优秀的销售员却并不急于"勤劳"地开发新客户，他们却好像总是有做不完的生意。这是因为一般的销售员忽略了他们的老客户，他们不知道，老客户其实是一笔宝贵的资源，是一座金矿。

　　因为，老客户认识销售员，还购买过销售员的产品，并且彼此之间建立了信任和友好的关系，所以，销售员不一定要去开发新客户，做好老客户的生意，也是一种有效的办法，优秀的销售员正是常常如此。

1. 老客户新契机

每个人都喜欢购买新商品，你的热心会带动购买欲，勾起他们对新产品的期待。

2. 推荐销售附加商品或服务

你们公司也许对销售的各种不同商品提供不同的服务，但是客户很少会对你所从事的行业有全盘的了解。有时客户会说："哦，我不知道你也有那种东西。"当听见客户这么说的时候，那么，销售员无疑是失职的。

3. 与客户一起用餐

如果你能把客户带离办公的环境，并与他一起用餐，你就能发掘更多推销机会。

4. 让客户帮助介绍新客户

这是一张成绩单，记录着你的商品或服务表现，也是一张能力的评鉴书，记录着你是不是有足够的能力获取消费者的信心，让他们把你介绍给他们的朋友。

你必须持续出现在客户面前培养关系，不管你的推销是否成功，都要做好亲善工作。

如果你不能说服现有客户为你进行转介绍，或是用"可以销售给他们的东西我都卖过了"等诸如此类不成理由的理由来搪塞，这意味着：

（1）你无法与客户建立良好互信的关系。

（2）你的推销后追踪服务可能做得不够好。

（3）你不愿意去主动面对与你的客户发生的一些问题。

（4）你需要更多训练。

（5）大多数推销人员有这种荒谬的想法，他们认为除了打电话给客户除了推销之外，其他都是在浪费时间。

让人赞叹不已的是那些有办法与一个接一个的准客户完成交易的推销人员。当你用心且诚实地审视你的客户名单，那儿还有数以百计的机会在等着你。

建立人脉关系，有一条是基本的原则：不要与老客户失去联络。不要等到需要获得别人帮助时才想到别人。人脉就像一把刀，常磨才不会生锈。有时候，三个月以上不与一位老客户联系，就有可能失去这位客户。

主动与客户联系在优秀的销售员眼里是非常重要的，他们几乎都有一个相同的习惯，就是每天打5~10个电话，这样不但能扩大自己的交际范围，还能维系旧情谊。如果一天打通10个电话，一周就有50个，一个月下来，便可达到200个。这样一来，你的人际网络每个月大概都可多十几个"有力人士"为你打通关节。

这有一条销售员准则：作为一名销售员，你要善于利用已有的人际关系，不断加深与老客户的情谊，你会发现这对你的推销工作大有帮助。

建立客户推介系统

细心的销售员也许会有这样的发现，你的大部分新客户都是来自直接或间接的推荐与介绍，虽然你从来都没有安排成立一个正式且积极的推介系统，但你的时间大部分都花在了为客户介绍产品进行销售或不停拜访客户的销售上，其实你只要用其中一小部分的金钱及时间，建立一个正式的推介系统，效果就会好上数倍。这是吸引新客户的最佳方法。如果你希望你的销售业绩更为出色，那么，你最少需要四到五个不同的推介系统。

首先，在与老客户接触时，要礼貌地要求老客户推介客户。当然你必须先设定好一个合适的舞台。

你一定要让客户知道，你非常喜欢和他们做生意。也许他们有一些很熟的朋友，和他们有着同样的或更高的价值及质量标准。告诉他们，你需要和这些有价值及可信任的朋友结交，请你的老客户为你推介。

接下来，让客户知道他们能够从你所提供的服务及产品中得到收益。最后再延伸出一个完全无风险的销售方案。

其次，你要表达出很想和任何对客户重要的人士见面、会谈或提出忠告等的意向，并提出愿意在并不期望产生交易的前提下，提出自己的咨询与意见，或对他们展示服务和产品。只有当你的客户把你看作一位有价值的专家时，他们才会放心地让他们的朋友或同事和你打交道。

如果你能够坚持每天和你的客户做这样的事情，你一定会得到数十位甚至上百位的新客户。你也可以让你的同伴一起去做。你会看到，如果你建立了这样一个积极的客户推介系统，生意量在几个月后会成倍地增长。

你计算一下在建立推介系统前有多少生意，然后将它们乘上10，再加一倍，然后再加一倍。这个数目很有可能就是你建立推介系统后得到的收益。一个合理计划的客户推介系统将会使客户数量及利润爆炸性地成倍增加。

一般来说，经由推介而来的客户更能让你获得更多的利益，他们消费额更高，买的东西更多，也对服务及产品更加忠诚；而推介来的客户常常会生出新的推介，它们会不停地自我繁衍，生生不息地发展下去。

不可浪费客户的时间

如何开始询问关键的问题？建议你从一个简单的问题问起。这个问题可能和销售拜访毫无关联，但却能大大提升你对这位客户的洞察力。

"我很想知道，你是如何得到这份工作的？"

这个问题会引导你轻松自如地登堂入室，进入真正的销售拜访阶段，它也会鼓励客户对你敞开心怀。客户会凭他对你的第一印象，对这个问题做出不同程度的回答。

之后，你就可以直接进入问题的核心，解释为什么来拜访他，以及说明自己是如何进行销售的。如此，稍后提出来的问题就会更加有意义了。

"艾小姐，我们公司代理销售的是全国最畅销的×产品，我想向您解释一下我们的销售程序。作为第一次的拜访，我只想了解贵公司的需求所在，今天我不是来销售产品的。之所以向您解释这些，是因为想询问一些有关贵公司的情况，以了解是否能帮助您提升贵公司的业绩。"

假设得到肯定的答案（获得这个答案的胜算很高），就可以提出所谓的关键问题。

问题一：过去"你们是否使用过本公司的产品？"（如果使用过，觉得功效如何？）

问题二：现在"我很想知道，贵公司目前使用哪个牌子的×产品？"（您觉得这个牌子的产品如何？）

问题三：未来"您是否能告诉我，贵公司未来6个月对×产品的使用需求如何？"（贵公司打算如何运用×产品来达成目标？）

如果还是觉得不方便切入正题，提出该公司是否已使用或未来有可能使用自己产品之类的"严肃"问题，但要确信"避轻就重"的时机已经成熟，此时你可以抛开昨晚棒球赛的话题，透过一些中间问题，把自己带进正题。以下是一些建议：

（1）"请问贵公司的客户群是哪些人？"

（2）"你们是否还有其他子公司？"或者"你们总公司设在哪里？"

（3）"你们通常利用哪种销售途径？"

（4）"贵公司进入这个行业有多久了？"

（5）"在这个产品或产业领域，面临何种挑战？"

这类问题可能给你带来重要情报，而且能为你架起一座坚固的桥梁，直接进入销售拜访的正题。但是切忌过分依赖这类中间问题，因为客户就像大多数现代人一样，总是恨不得一天有25小时。大多数客户会很感激你在短时间内直切正题，你大可在不伤害你们之间已经建立的这份关系的前提下，满足客户的这份期盼。

第一次销售拜访的最后一个适当问题如下：

"谢谢您今天抽空儿和我谈话，让我对贵公司有了充分的了解。容我向您解释一下，在这个阶段，我们通常是如何进行的。我想，现在我们得约好下次见面的时间。在这之前，我会好好整理今天所搜集到的信息，下次见面时，我将就如何协助贵公司提升业绩一事提出建议。下星期二下午3点，您方便吗？"

让客户知道彼此正处于销售循环的哪个阶段。

（1）"先生，很感谢您今天抽空儿见我。我知道我们还有很多事要谈，但是在这个阶段的销售拜访，通常是让客户了解我们的公司及业务。本公司从××年开始……"

（2）"先生，在这个阶段，我想问您一些问题，以便了解本公司如何能为您服务。"

（3）"先生，我们已经谈得不少了。我会根据今天所做的笔记，撰写一份企划书给您。我们下星期再见一次面，星期五下午两点，您有空儿吗？"

（4）"真高兴和您再见面，先生，我们已经准备好一份企划书，让我花几分钟时间向您简要地解释一下这份企划书，然后回答您提出的问题。"

"这是我们所写的企划书，先生，我们可以成功地为贵公司执行这份计划，而且越早执行对贵公司越有利。12月12日星期六这天开始执行计划，对你们方便吗？"

有多少销售拜访，就因为销售员为了避免"冒犯"客户，无法提及自己登门拜访的原因而泡汤了？要掌握场面的主动权提醒自己随时告诉客户，你们正处于销售循环的哪个阶段。否则，每次的销售拜访，只会是一次冗长、"友善"的会谈，其结局是了无结果的中间状态，让双方对下个步骤该怎么做不知所措。

我们并不是生存在一个完美的世界，而是一个包罗万象的世界，每个人都有自己的思考模式，每个人的下一个动作都可能是我们无法想象的。因此，读者很可能会碰到下面的尴尬状况——客户拦住销售员说："等一下，你进行得太快了，我还没准备好要说这个。"

那么，该怎么办呢？

你所需要的是更充分的情报，必须了解在这个阶段是否还有问题有待解决。不能掌握问题所在，就无法取得订单。不时透过"掌握最新状况"系统（我喜欢如此称呼这一系统），发掘问题所在，比起在最后一分钟要签订单才发现一些早该注意却被疏忽的问题，显然是更有效的销售手法。

有时候，通过"掌握最新状况"，从客户身上所获得的回馈，会让我们发掘到一些客户本身尚未意识到的问题。很可能的情况是，我们上门向客户销售的是复印机A，客户对这项产品也似乎很感兴趣，但是在销售循环的运行过程中，我们发现只有复印机B才能迎合其需求。销售员的使命就是解决问题，迎合需求，而不是让客户来迎合我们先入为主的观念，于是我们把目标转移到B产品。要掌握客户的实际需求，就得靠"掌握最新状况"及倾听客户的回馈。

请注意，销售循环因产业、客户而异。简而言之，销售员永远无法掌握客户在哪个时候会做出采购决定，你切不可对客户采取强硬的态度，就算你掌握了最新情况，还是必须耐心地和客户循序渐进地沟通每个销售阶段。除非你和客户都清楚你们正处于哪个销售阶段，未来还会经历哪些阶段，否则是无法成功的。

交易要以"诚"为本

对一个销售员来讲，"诚实为最上策"，当然这里并不是指不管任何事情都要诚实最好。诚实不仅是人的一种品性，也是一种方法，一种可广泛运用于各种时候的最佳方法。

方法和法律或规则不同，那是有利于你在工作上使用的，尤其是客户后来能够调查出的事情，更应诚实以对。绝没有人会傻到把"六汽缸"的汽车说成"八汽缸"而卖给客户，只要客户打开车盖，数数从配电器顶部伸出的电线数量，你的谎言就被拆穿了，然后客户将会对250个人说你是一个说谎者。

我们所谓的有时不需向顾客说实话的意思绝不是如此。

现在假定有一位顾客打电话来询问，有没有××款汽车？你回答他："有，今天就能够交车了。"这句话也许是事实，也许不是，因为你当时并未查阅库存记录簿。你之所以如此做，主要是希望请那位客户尽快到店里来。

此外，你也可能是凭着公司的库存量非常丰富，有他所想要车子的可能性相当高，而就算没有库存，由于在经销商之间有彼此融通，所以，你也能立即找到汽车交付，然而假如没有客户所说的按钮式收音机该怎么办？或者即使有按钮式收音机，若车身是黑色，而不是客户想要的浅蓝色又该如何？这时你究竟说了哪种程度的谎言呢？我们认为那只不过是极小的谎话罢了，要是客户到来之后为了此事发生抱怨，你就可以将其当作是记录上的错误。

有意买车者，几乎都是想当场就购买的，如果是特别订购的客户所希望的车子就需要花费一个月的时间，大多时候客户不会拘泥于在他脑海里所想、所记的每一部分。况且如果车身颜色虽有二十种以上，但是也有些颜色很少有人问津，所以工厂并不是经常都制造全部二十种颜色的汽车，因此我们时常在满足客户所需要条件的一大半之后，就让客户感到满意了。

虽然我们由衷相信"诚实为最上策"，不过那得视情况和程度而定，只一味坚持诚实有时候是行不通的，反之亦然。

譬如，当一位客户带着他的太太和儿子一起来到店里，如果你对他说："你的小孩儿长得真可爱。"这句话有几分真实性呢？那个孩子或许是一副其貌不扬的样子呢？但是假如你有想赚钱的念头，你就不会说实话。又如，你想卖件新大衣给一个男人，看着他穿在身上的旧大衣，即使你内心想："这件已经在两年前就过时的大衣，早该在手肘处尚未磨损之前丢掉了。"可是你仍会说："你这件衣服很好看！"

也许你觉得这些事你早已懂得，然而，有些销售员由于不会说一点点亲切的谎言，说出实话致使客户难堪，结果本来可以成交的生意却泡汤了。比如一位顾客问销售员愿意以多少钱收购他的旧车，那位销售员却回答："你说的是那辆破破烂烂的车吗？"不错，那辆车的确看起来破破烂烂，甚至连备用胎都没有，耗油量或许比货车更大，而车内也许更有篮球更衣室似的不良气味，但那辆车子是客户所有，客户是开着那辆车来的，它也许是客户很喜欢的车，就算不是，也只有客户自己才可以说那辆车子不好，因此，聪明的销售员只需在此刻说一点儿谎言就好了。你不妨对这位客户说："竟然跑了12万公里远，您真了不起啊！"这样一来，客户便会觉得很高兴，即使你开出一个相对低廉的价格收购这部车，他也不会抱怨。

其实，称赞的最重要目的在使客户的情绪缓和，造成一种轻松气氛，因而我们会称赞他人："太太，您先生穿的那件西装真好看！""您的眼镜框看起来好棒！"

不管任何事情，如果客户认为你欺骗他，对你绝无益处。身为销售员，最忌讳的是睁着眼睛说瞎话，如把用合成纤维制的西装说成是100%的羊毛制的，或将只有17英寸的电视当作21英寸的去卖，这些事情往往很快就会被客户所发现，此后客户绝对不会将此事忘记，就算那位客户碍于情面不敢直接告诉亲友，他也会以其他某些方式破坏你或商店、商品的形象。"吉拉德250定律"经常都起作用，因此你还是采用"诚实为最上策"这个原则，不过也不要忘记在某些场合说点儿恭维之词或一点儿谎言，这样对于销售会有很大的帮助。

毕竟，说大谎言所能得到的顶多也只不过是有机会以后向其他人吹嘘自己是如何欺骗本来无意买车的客户，以满足自己的虚荣心罢了，而这种做法无异于自掘坟墓，更可能造成客户以不信任的眼光看待所有的销售员，致使其他销售员蒙受重大损失。

充分利用每一天

销售员务必要充分利用每一天，这就得要事先规划好每天的活动。

目前，市面上有许多谈时间管理的书，然而对大部分销售员来说，根本派不上用场。在此，我们将讨论一些可以在每天例行公事中立刻付诸实施的简单概念。

（1）不要占用你用于和客户谈话的时间。在前一天晚上就规划好第二天的行事计划。

（2）决定目标的优先顺序。并不是每个晚上把第二天要做的事列出来就够了。在将这些工作项目列入行事日程之前，必须先依其重要性排定优先顺序。

（3）预留意外处理时间。把每天的工作时间安排得满满的，会迫使你无法按计划行事。我们都知道，总会出现一些意外事件。在每天工作结束前预留一个钟头左右的时间，来处理这些突发问题。如果没有任何意外发生，就可以进行下一个优先项目的工作。

（4）提早15分钟起床。利用多出来的这段时间，让自己更显得精神焕发。一大早起来就匆匆忙忙，等于为这一天制造了一个坏的开始。起床后就对自己说："这将是美好的一天。"好好地享受早餐，听一段悦耳的音乐。避免一大早就看报纸或听新闻广播，因为这会影响你的情绪，好好地对待自己。

（5）使用记事本。以15分钟为单位，仔细观察你花在每个既定工作项目的时间。这个步骤会有助于你在列行事表时，避免把大部分时间花在一些没有明显意义的工作目标上。

另外，买一本较小的记事本，可以放进口袋或皮夹内的那种，你可以用它记录一天当中实际做了哪些事。当然，你一定不要在这上面花太多的时间，只需在你完成一项工作项目时，把所费时间记录下来即可，在一天结束时，你就会有一张写好的工作记录，可以拿来和前天晚上做的行事计划表进行比较。如果星期二下午六点的行事计划和星期三下午六点实际所做的事有很大的差异，就会被你察觉，并着手进行改善。这样你可能也会注意到自己在交通方面花了多少时间；并记录自己何时开始高品质的销售拜访；发现自己一些恶习的铁证——到了固定时间一定要吃午餐，早上打一大堆电话等等。逐一挖出这些行事方式，就可以更有效地规划每天的工作。

星期五晚上不只要准备星期一的行事计划，还要规划下星期一的工作纲要。这里只涉及要开的会议以及和别人约定好的事项。你并不需要思考下个星期的每一天、每一分钟要做什么事，只是把已经安排好的约会和会议计划记下即可，这样你就可以全盘了解自己时间安排的情形。

第二章
充分准备，把握时机

当今社会，销售工作会遇到各种各样的挑战与机遇。一般来讲，不论是在经济领域以外，还是在经济领域内部，竞争都是我们所能运用的一种极为切合实际的手段。因此对销售员来说，必须勇于面对竞争，全面了解各方面的情况，准备充分，把握住机遇，才能在销售中取得胜利。

彻底了解你的公司

销售员代表着公司，他就有责任去熟悉他所服务的公司以及公司的政策。销售员应该对企业有一个全面的了解，包括企业的诞生与发展改革、经营目标、经营方针以及今后的长期发展规划、企业的职能机构、财务状况以及企业的主要设施等。虽然没有一位顾客会向你打听你所服务的公司的全部信息，但是你必须未雨绸缪，做好准备，以防万一。

掌握相应的知识，对销售会有很多好处，这样才能够很适当地处理客户抛出的一些问题，给客户留下深刻而良好的印象。相反没有这样的知识，那客户对公司的形象就没有那么深刻的认识，这是影响客户做出购买决策的关键因素。因此，销售员必须了解公司的优点与限制条件。熟悉公司的情况，包括以下几个方面。

1. 公司的发展历史以及业绩状况

许多顾客可能会同意拿破仑的说法："历史是经过协议的无稽之谈。"他们很少去留意公司的创办人是谁。无论如何，有时候熟知有关公司背景的知识会大大有助于销售工作的进行。

在有关公司的各种情报资料中，最主要的情报有：健全的财务、生产能力、在同业中的评价与声望。这些情报对于销售活动具有很大的帮助。健全的财务使顾客放心购买产品。顾客了解了企业的生产能力，就对产品的性能与技术水准有了大致的了解，即对产品的品质比较放心。销售员了解公司在同行中的声望与评价，就能根据具体情况去销售产品，扬长避短，灵活地进行销售活动。

同时，销售员了解了这些情报，在销售活动中对顾客的某些问题可以顺利地予以解答。因为你一旦掌握了情报，在必要时就可以迅速地反映出来，敏捷地做出令顾客满意的答复。有些时候，可以根据实际情况，委婉地说服顾客，列举事实，讲出道理，使顾客满意。

顾客通常从自身的利益考虑，他们更喜欢惠顾经营成功、声望良好的公司，因为这样的公司所提供的产品更可靠、更稳定。顾客购买一个公司的产品时，不仅希望运输方便、交货准确迅速，而且希望产品品质好，售后服务完善。因此，那些经营业绩颇佳、享有较高声誉的企业同那些经营业绩不佳、声誉也不良的企业相比，是能够取得绝对优势的。

2. 公司服务的敏捷度

销售员务必要在事先做好充分的准备，充分了解公司的服务状况，以便于进行销售活动。

顾客买东西是为了得到优良的产品、简便迅速地售后服务。所以，销售员应该重视这两个因素。首先，公司服务的敏捷度要比较高。这包括公司对顾客提供周到的服务，让顾客了解公司提供服务的范围和地点，如果公司送货上门的话，产品运送一定要准确及时。其次，顾客需要优良的产品。如果公司了解到顾客对产品不满意，必须了解情况或者更换产品。销售员在销售之前一定要对这些情况有充分的准备，以回答顾客的问题。

3. 公司的运行方针及程序

为了成为一名顶尖的销售员，使顾客对你有信心，除了解公司的历史改革与过去取得的成绩之外，还必须熟知公司现行的运行方针与程序。假如你向顾客做了超越你的职权范围的承诺时，一定会感到很失体面，因为你不可能达到顾客的要求。

了解了公司现在的运行方针以及未来的长远目标，就熟悉了公司正在生产什么、生产多少、怎样生产、生产能力以及今后将要生产什么样的产品。在面对顾客时，销售员可以应付自如，不至于惊慌失措。

此外，销售员还需熟悉本公司有关价格、回收、信用条件、产品运送等程序，以及在销售过程中不可缺少的其他任何情报。价格对于顾客来说，都是一个很重要的因素，尤其对于那些要求价格低廉的顾客来说，价格越低越好。在销售过程中，要求公司有良好的信用条件，公司必须守信用、遵守合约规定。产品运送必须准确及时。销售员只有熟知了这些知识，才能在销售的过程中及时地利用优惠条件来吸引顾客，引发顾客的购买欲。

4. 公司的社会责任活动

每个公司进行生产经营活动，都会对外在环境产生影响。有的企业对外在环境产生好的影响，而有的企业对外在环境影响是不良的。你的公司是否制定有社会责任政策？该政策是否包括在社会责任活动当中呢？社会责任活动的类型是很多的，例如防止环境污染、植树造林等活动。社会责任活动还包括公司赞助的文化活动和体育活动。社会责任活动不仅能消除公司在生产过程中对外界产生的不良影响，有时还能使公司产生收益。如有的公司对废水、废气、废渣进行回收利用，可以变废为宝。

如果公司对外在环境产生了不良影响，它就应采取措施来消除这些影响。公司的社会责任活动要对社会负责，即对公众负责。公司通过执行自己的社会责任政策，在公众的心目中留下良好的印象，能更有利于销售工作的顺利开展。

5. 公司的长远发展目标

长远发展目标即未来的发展计划。计划就像所要走的路线图，可以引导我们沿着特定的路线前进。了解公司的未来发展计划，可以帮助销售员沿着销售之路勇往直前。销售不是盲目的，它是销售员将特定产品销售出去的过程。销售员必须了解公司的未来发展计划，以满足顾客日益提高的要求。

总之，在销售的过程中，做到知己知彼，最后才能打动顾客，获得销售的成功。

对你公司的产品要了如指掌

一般来说，销售员应了解自己所销售产品的以下方面：原材料及主要部件的质量、生产过程及生产工艺技术、产品的性能、产品的使用、产品的维修与保养、产品的售后保证措施等。同时，销售员还要了解与之竞争的产品的有关知识。

产品是指在市场上能够引起消费者注意并取得的一切因素的总和。它包括：① 产品形态、品种、质地、用途、样式、商标、包装。② 产品实质、精度、效能、功用。③ 产品服务。有服务的产品与没有服务的产品是两种不同的产品，顾客买的不是产品，而是产品的用途和服务。

产品研制成功投入市场到退出市场所经历的全部时间包括：① 介绍期：初销阶段。重点宣传产品性能、开发用途、寻找机会、控制产量。② 成长期：畅销阶段。竞争、宣传品牌商标，提高市场占有率，创名牌。③ 成熟期：稳销阶段。回收资金、延长此阶段。④ 衰退期：淘汰阶段。撤退。

知道这些才能够真正懂得这种产品的具体的销售方式。销售人员应当认识到，产品整体包括三个层次：核心产品、有形产品和附加产品。

核心产品是指顾客所要购买的实质性的东西。销售员的任务就是要发现顾客的真正需要，把顾客所需要的核心利益和服务提供给顾客。有形产品是产品的第二个层次。企业的设计和生产人员将核心产品转变为有形的东西，以便卖给顾客。有形产品一般包括以下五个方面的特征：品质、功能、款式、品牌、包装。如果有形产品是某种劳务，也应具有类似特征。附加产品是指顾客在购买产品时所得到的附加服务或利益，如提供借贷、送货、安装、保修、保换、售后服务等。

一个真正具有理性的人应该懂得实际问题实际分析的人。真正具有素养的人是懂得站在对方立场考虑问题的人。将这些当作自己销售的准则，适当采取一些技巧是完全合理的。作为销售员，对于顾客提出的各种问题，都必须能够回答。

我们知道，销售员必须熟悉他所销售的产品或服务。至于销售员到底应该了解多少产品知识，大家的看法却不尽相同。绝大多数的经理人员并不这么认为。他们认为对产品具有充分了解的销售员，会更受到顾客的欢迎，当然，销售员必须避免花费太多的时间去谈论产品的技术课题，更重要的是针对顾客的需要，加强销售示范的工作。销售员必须了解顾客的需求，根据其需求进行示范，使顾客感觉到自己的需求能够在购买被销售的产品之后得到满足。

在某些时候，销售员对他们所销售的产品缺乏足够的技术知识。所以有些公司聘任专家，称为销售工程师或行销工程师，协助销售员访问顾客，介绍有关产品的技术知识，处理专业技术方面的问题。

凡是能够促进销售进行的知识，都是有益的知识，销售员要力争掌握更多的知识。如果你能够圆满地回答下面的五个问题，证明你已经有了良好的开始了。

1. 你的产品与顾客特殊要求之间的关系

顾客购买产品是为了满足自己的需要，产品必须与顾客具有密切的关系。为了说明这一点，让我们假设你是一名销售照相器材的销售员。照相机和许多产品一样，它有各式各样的型号与价格。作为一名销售员，你必须了解，顾客购买照相机的目的是什么，他们需要照相机作何种用途，是为了个人享乐，还是为了职业上的需要？不管怎样，销售员必须对顾客有一定程度的了解，了解顾客的需求、愿望和动机。只有这样，才能因人而异，根据顾客的需要销售产品，这样做有利于销售效率的提高。

2. 你的产品是否能够满足顾客的需要

按照消费者购买的习惯，产品可分为消耗品、选购品、特制品和非寻求品。消耗品指消费者经常和随时需要的，只肯花费最少时间和精力去购买的物品；选购品指品种规格复杂、挑选性强，在品质、价格、款式等方面需要反复挑选和比较才能决定购买的物品；特制品指特定品牌或具有特色的、为特定顾客群专门购买的物品；非寻求品指消费者不知道的，或虽然知道但一般情况下不愿意主动购买的物品。

销售员要了解产品，将它们正确分类，并配合顾客的需要，这是一件很重要的事。在上述照相机的例子中，也许你的顾客以往曾经在适当的曝光度下，仍然无法拍摄出所要的照片，结果只能是浪费底片。此时具有自动电子装置的照相机，就能够满足顾客的需要。

3. 产品的主要用途与限制条件

销售员熟知产品的优缺点后，就能根据顾客的反对意见，指出有此缺陷的原因，并指出产品的优点，和强化其优点。

作为销售员，对于顾客提出的有关操作的各种问题，都必须能够回答。在上面的例子中，你必须能够回答如下问题：拍摄照片时的距离如何；气温在零度以下时，照相机的功能是否仍完好如初；为了防止意外的曝光，照相机是否附有防止曝光的装置；是否可以互换镜头；你的照相机是否附有测光表，照相机的前端是否附有单独的X装置以及FP与X终端装置，以便装上闪光灯使用等。

4. 产品需要的保养措施

在一般情况下，顾客购买一件产品，不希望它短期内报废，必须有合理的使用期。因此，顾客对产品的必要保养，可能会很感兴趣。你的产品需要何种维护与润滑？需要使用电池吗？电池的寿命能够维持多久呢？照相机需要任何的特别保养吗？如果需要服务的话，顾客需要采取什么样的行动呢？产品本身附有什么保证吗？面对这些问题，销售员必须事先了解产品的功能以及所需要的保养措施。这样做，也能避免你在顾客面前出洋相。

5. 产品的品质和价格

产品的定价要和产品的品质相符。但是，产品价格要适当，产品才能够销售出去。定价必须考虑社会平均消费水准，否则定价过高，产品就会销售不出去。

顾客购买产品的动机是不同的，因而他们会购买不同型号、不同价格的产品。有的顾客购买产品是考虑到价格低廉，而有的顾客是为了经久耐用，还有的顾客是追求豪华，他们要求产品多功能、高性能。因此，销售员对产品要有充分的了解，针对不同的顾客，销售不同的产品。

从以上的讨论中，你可以发现，具有创造性的销售员，必须了解你的产品，这个产品指的是作为整体概念的产品。它包括有形的与无形的、物质的与非物质的、核心的与附加的等多方面的内容。它不仅要给予顾客生理上、物质上的满足，而且要给予心理上、精神上的满足，如优美、流行、高雅的外观所给予的美感，名牌所显示的身份与地位，各种保证所给予的安全感等。产品整体观念表现了以顾客为中心的现代销售观念。

　　只有懂得产品整体的观念，才能真正贯彻现代销售观念的要求，全面满足顾客的需求，同时也才能提高企业的声誉和效益。这样既有利于公司的发展，也有利于销售人员自身的发展。

了解竞争者的状况

　　销售员销售的产品，无论是好几百家公司都可以生产的产品，如印刷业产品和保险业产品，还是属于高度集中的行业，即只有少数几家公司能够垄断生产的产品，如钢铁制造业产品和有色金属冶炼业产品，你都会遇到竞争对手，竞争是不可避免的。而且你要知道，每一种产品都有可能被别的产品替代。所以，作为一个有效率的、有创造性的销售员，必须了解有关竞争者的状况。

　　同时销售员要对自己的竞争者有一定的了解。为了有效地分析竞争者，首先要知道谁是自己的主要竞争者，然后分析判断他们的目标和策略，他们的优势和弱点，以及他们对竞争的反应模式等。但是你要知道，要想了解所有竞争者公司、产品和商业活动的详细情况，几乎是不可能的事。你必须了解的是，竞争者的产品与活动中，某些可能已经成为他们销售重点的显著因素。下面我们列举出几个比较重要的因素。

（1）竞争者的销售员和他的经历。

（2）竞争者的价格和信用政策。

（3）竞争者的销售策略。

（4）竞争产品或服务有哪些优缺点。

（5）竞争者在一致性的品质管制、交货日期、履行承诺以及服务等方面的可靠度。

（6）有关型号、色彩以及其他特殊规格等竞争项目的应变能力。

（7）竞争厂商在销售量、商业信誉、财务的健全程度以及发展研究活动的比较地位。

（8）竞争者的未来发展计划。

企业为了及时准确地掌握竞争者的情报，除按以上八因素分析竞争者外，还需要建立竞争情报系统，对竞争者的情报分门别类，系统地进行分析。在需要的时候，销售员可以迅速地获取情报。

拥有知识你将拥有自信心。同样，了解了竞争者的状况，在销售的过程中你将有自信心。因为你能根据竞争者的弱点，突出自己产品的优点，吸引顾客；同时，你也给顾客留下深刻的印象，扩大影响。

顾客买东西，通常是货比三家的。他们希望销售员能够做产品比较，如果你能够主动提供这方面的资料，他们就无须挨家挨户地比较产品孰优孰劣了，所以他们会欢迎你。在做产品比较时，务必要诚实，以保持你在顾客心目中的信任感。

要注意批评自己的对手可能导致顾客反感自己，所以你不宜批评自己的竞争者。最好的办法是突出自己公司产品的优点以及顾客将得到什么好处，反面的方法往往不及正面的方法有效。如果顾客正在使用竞争者的产品，而且又非常喜欢，那么你对竞争者产品的攻击可能会导致顾客的不满。

在获得有关竞争者的情报之后，面对顾客的反对意见，销售员可以更有技巧地处理。当你对竞争者的产品不甚了解，而顾客却非常熟悉时，你将会处于非常不利的地位。或者你不熟悉竞争者的状况，而竞争者却熟悉你，他们就会以他们的产品、价格、付款方式等条件来攻击你的弱点，你同样也会处于不利地位。所以获得竞争者情报是促成有效销售的重要基础。

熟悉竞争者的状况之后，销售员可以根据本公司的营销目标、资源和实力，制订不同的销售计划和销售竞争战略。一般说来，销售员可以运用下面几种战略来进行竞争。

（1）总成本领先战略。通过降低公司生产成本以及销售员的销售成本，使价格低于竞争者的产品价格，以提高市场占有率。

（2）差异性战略。销售员努力销售差异性大的产品，以成为同行业中的领先者。

（3）聚焦战略。销售员集中力量于一个或几个细分市场，而不是将力量均匀地投入整个市场。

销售员如果专门执行上述某种战略，效果可能更好，执行得越好，获益越大；相反，如果销售员不专门执行某一种战略，没有明确的战略思想，而采取模棱两可的中间战略，则效果不佳。要想面面俱到，结果却只会导致面面俱失。

销售员要想刺激顾客产生购买欲望，就必须巧妙地向顾客说明他（她）在购买销售产品以后将感到称心如意，并从中得到乐趣。销售员在接触顾客时，如果一味地销售商品，这种只关心自己、不关心顾客的做法，是很不明智的，也是很难取得效果的。因此，销售员在与顾客交谈时，应首先了解顾客的问题并帮助其解决。这样，才能吸引顾客的注意力。优秀的销售员总是首先提出顾客的需要，运用能使对方产生兴趣的词语和话题开始面谈，避免先提出自己的销售品，否则就不会受到欢迎，面谈效果也不会好。当然，帮助顾客解决困难问题，这是销售产品的手段，不是最终目的，销售员一定要把握好。

充分了解顾客的需求

其实，顾客通常都不是在购买产品的特征，他们所购买的是可满足需求或可解决问题的产品或服务。种种原因使得顾客满意度已经成为当前指导企业行为最核心的原则之一。事实上，已有许多公司把顾客满意度作为指导原则，以提高顾客满意度的名义启动各种战略或者程序。

需要是人们希望得到而又未得到满足的感觉。需要未得到满足可导致人们心情紧张，产生不舒适的感觉。当它达到迫切的程度时，便成为一种驱使人们行动的强烈内在刺激，即驱策力。

美国行为科学家马斯洛在20世纪40年代提出了"需要层次论"。他从行为科学的角度分析了人们多种多样的个人需要，认为人类的需要按先后顺序分成5个层次。马斯洛提出需要的5个层次如下：

（1）生理需要。是个人生存的基本需要，如吃、喝、住。

（2）安全需要。包括心理上与物质上的安全保障，如不受盗窃和威胁、预防危险事故、职业有保障、有社会保险和退休基金等。

（3）社交需要。人是社会的一员，需要友谊和群体的归属感，人际交往需要彼此同情、互助和赞许。

（4）尊重需要。包括要求受到别人的尊重和自己具有内在的自尊心。

（5）自我实现需要。指通过自己的努力，实现自己对生活的期望，从而对生活和工作真正感到有意义。

马斯洛的需要层次论认为，真正的以顾客需求为导向，必须建立在充分了解顾客需求的基础上，这样才能保证顾客得到满意的服务，企业才能得到丰厚的利润。

掌握有关情报的重要性

当今，许多公司都自称以顾客为中心，但没有几家能够说清楚顾客对本公司的产品和服务究竟作何评价。产品或服务的某种基本特性比其他特性重要多少，这种区分是否与顾客认为值得牺牲一些特性来交换另外一些特性的想法一致，具备某些特性是否对维护顾客至关重要。如果问顾客喜欢产品或服务的哪些特性，多数人会开出一大张单子，那么他的销售活动定要失败；而如果他（她）掌握了有关的知识，对自己的商品一清二楚，那么他（她）的销售会进行得非常顺利。

那么，情报资料对销售员到底有何帮助呢？请看看下面的讲解。

（1）当你拥有丰富的情报时，在销售活动中，就容易培养你的自信心与工作热情。

拥有了丰富的情报后，不管你遇到什么困难，你都能迅速地回答顾客的问题，倒背如流地介绍产品的性能与特点，打动顾客的心，刺激他们的购买欲。

（2）如果你充满自信，并用热情的态度对待顾客，顾客也会对你充满信心。

当你流畅地回答顾客的问题之后，顾客会对你产生信任感，为你完成销售打下良好的基础。

（3）当你充分了解相关情报时，就容易冷静地面对顾客的反对意见，并且更能有效地处理竞争的问题。

面对顾客的反对意见，你能根据自己掌握的资料，进行分析，说服顾客，并将自己的产品与竞争者的产品相对做比较，指出对方的缺点，透过事实来反衬出自己的产品更好。

（4）了解如何使你的产品配合顾客的要求，才能改进你对顾客的服务。

顾客往往会因为各自的购买动机不同，追求的具体利益不同，被具有不同特性的产品所吸引，而购买不同的产品和品牌。作为销售员，关键是要了解顾客对产品有哪些预期利益，然后再传达到生产企业，企业使自己的产品突出消费者利益的某些特性，从而为顾客做更好的服务。

（5）熟悉你的公司与产品后，你将会成为更忠实的公司员工。

你能根据产品的缺点与顾客的要求，对本公司提出建议，以生产出更好的产品，占领市场，创造最大的经济效益。

（6）如果你想要在公司获得晋升，就要靠自己不断地追求上升。

通过了解各方面的情报、知识，你就能了解公司的需求，然后再根据具体情况，提出你的意见，表现出你的才华。

注重销售技巧训练的公司，都在努力协助受训者。培训的内容大体包括：介绍企业的历史、经营目标、经营方针及今后的长远发展规划；介绍本企业的产品性能、品质、技术情况、用途及使用维修等；介绍本企业产品的市场面、市场占有率、目标、顾客的不同类型及购买特点和购买动机；了解竞争者产品的地位和营销措施，学习销售技巧和语言艺术，提高公关能力；学习和掌握销售工作的程序，学会合理分配时间，有效利用销售费用，尽力扩大与顾客的接触面。作为一名销售员，为了有效地发挥销售功能，必须了解以上各方面的内容。

为销售工作打下良好的开端

专家们在研究销售心理时发现，洽谈中的顾客在刚开始的30秒钟所获得的刺激信号，一般比以后十分钟里所获得的要深刻得多。在不少情况下，销售员对自己的第一句话处理得往往不够理想，有时废话甚多，根本没有什么作用。比如他们习惯用的一些与销售无关的开场白，"很抱歉，打搅您了，我……""您不想买些什么回去吗？"在聆听第一句话时，顾客集中注意力而获得的只是一些杂乱琐碎的信息刺激，一旦开局失利，下面展开的销售活动必然会困难重重。

基于这种情况，我们作为销售人员，必须以富有想象力和创造性的方法去吸引购买者，运用卓有成效的步骤开创一个良好的开端，这样才有助于销售工作的顺利进行。销售员不管销售何种产品，会见顾客的第一句话至关重要。说完第一句话以后，许多顾客就可以决定谈或者不谈、是否立刻把你打发走。

良好的开端来自哪里？

1. 重视自己的仪容

英国女王曾经在一封给儿子威尔斯王子的信中这样写道："穿着显示一个人的外表，人们对这个人的观感，通常都凭她或他的外表，而且常常都是以此加以判定，因为外表是看得见的，而其它因素则看不见，基于这一观点，穿着特别重要……"事实上，聪慧的女王并未言过其实。现实生活中，无论基于理性或非理性的观点，我们对某个陌生人的第一印象，都是以他的衣着和仪容为基准的。所以，对于一个站在购买者面前销售自己产品的陌生销售人员来说，其衣着和仪容就更不应被忽视了。

2. 最好事先约定时间

是否约定见面时间要视具体情况而定。在某些销售方式中，比如说挨家挨户按门铃的那种，如果要事先约定时间那简直是不切实际的空想，这在实际生活中也不可能做到。其中的原因显而易见，心存疑虑的购买者对陌生的你和陌生的产品一无所知，这样的情况下，他怎样能轻易、爽快地答应你的约会呢？

有些购买者对于事先没有约定时间、不请自到的销售员并非十分反感，特别是如果这位销售员的产品对他十分有用，这时的购买者对如此雪中送炭的销售员往往十分感激，交易便会顺利达成。

3. 保持心情愉快

在你的销售经验中，每次销售走访之前是否经常感到莫名其妙的紧张呢？根据对部分销售人员的问卷调查，这种紧张感是普遍存在的，尤其是当一个人第一次从事销售时。对这种异常的紧张情绪，有些人甚至难以忍受，在他第一天去走访购买者时，他往往会感到自己似乎在赶赴战场而非环境优美、布置典雅的接洽室，他的每一步都仿佛踏在布满地雷的死亡之域。随着情绪的高度紧张，他的各种生理系统也仿佛发生了紊乱，让他感到烦人的不适。心跳加速了，呼吸急促起来了，本来滑润的嘴唇突然间变得干起来，唾液腺好像已经失去了功能，同时，他还会意识到汗腺分泌过度，前额、鼻尖、手掌、腋下都立时布满了潮湿的汗水。上述的紧张心情和异常感觉，却是销售人员普遍带有的一种经常的典型的感觉反应，其程度可能因人、因地、因时而产生差异。

4. 万万不可迟到

你在与购买者约好时间后，自己头脑中的时间观念怎么样？如果不强，那便是一个黄色的预警灯，即使这方面自己做得不坏也应该"加强"一下这个观念。要知道，约会迟到的销售员是绝对不会成功的。首先，你若作为购买者，你希望你的来访者迟到吗？当这种不愿看到的情况出现时，你的心情能一如原来吗？相信，任何一个人都不会希望那样。既然如此，你去销售时又怎么能迟到呢？

迟到意味着不守时，不守时往往给人以极坏的印象。对于购买者，迟到将会在他（她）的大脑中记下一个鄙夷甚至更坏的信号，这个信号便是整个坏印象的开端。如果事先已经约好接洽的时间、场所时，那么购买者便将其他的工作事务暂时放开，而将这段时间安排成和你这个销售人员会谈之专用。这种情况下，期望你准时到场而你不争气地迟到了，不管是几分钟，也不管是何种理由，这样不近人情的举动在购买者心目中是不能容忍的。另一方面，从销售人员的角度考虑，责任心很强、关心销售业绩的人是绝不会轻易迟到的，特别是那种计划周详完美、无可挑剔的销售员会更加守时如金，这样的销售员往往宁可早到，也不会放过一次珍贵的约会。既然从这一方面可以窥见销售员的敬业精神，那么你要表现得出类拔萃，就应该先从这一方面来培养自身的素养。

5. 正确对待接待人员

在最通常的情况下，当销售人员走访购买者时，他一般都不会立即和你见面交谈，常见的情况是让你先受到他助手的接待。

为了不至于失去与真正购买者面对面交谈的机会，我们提出了一些基本原则。当你走访顾客，与接待人员会晤、接洽时，必须审慎地将这些基本的原则问题逐一加以考虑，以免留下不应有的遗憾。这些基本原则如下。

（1）要保持积极的态度，这种积极的态度应该发自内心，否则，接待人员会认为你很虚伪，这是不太妙的。讲究礼节、礼貌，你对接待人员时时报以感激的微笑，那么对方也会让你看到他们会心的微笑。

（2）切忌侃侃而谈、喋喋不休，这样会给对方言语轻浮，欠考虑的坏印象。另外，和接待人员的交谈也应适可而止。他们也有各自的工作要做，他们的任务并不是仅仅接待一个对于他们来说陌生的销售员。如果你不识时务地和他们谈些无关紧要的废话，那么他们对你的厌恶感会增加。原因很简单，你浪费了他们宝贵的时间。

（3）不浪费接待人员的时间，同时也别浪费自己的时间。在和接待人员接洽时，可以掌握时机、不显生硬地向他们介绍一下自己公司的情况。例如，你可以将你的名片及事先准备好的精美的公司资料郑重地送到他们手中。这些介绍可能只是琐碎、零星的，但作为自己公司的员工你可以对自己说："我尽到了扩大自己公司影响的责任。"

尽可能和接待人员达成有效的思想沟通的问题。在实际的销售中，每一个有进取精神的销售员都会认真考虑这个问题的。

（4）销售员应该把自己的一切陋习都留在接待室之外。你平时和朋友谈天时有没有什么小毛病呢？比如说，跷起二郎腿，还不时地抖动，或者是拿着香烟随处弹烟灰，或者是坐在椅子上而脚却有节奏地敲打着够得着的某一对象……所有这些在平常人眼里都已司空见惯了，仿佛没有必要矫正，但这些习惯动作若出现在接待室，接待人员会很难接受，虽然你是很舒服，看上去怡然自得，可是一旦接待人员把你的这种做派有意或是无意地反映给上司以后，你的境况就可想而知了。鉴于这些情况，要想做出色的销售员就必须先将自身的陋习驱赶到会谈室之外。

6. 让自信心时时伴随着你

你在过去的销售经历中，有没有过心虚的感觉？你是不是时时都对自己的能力充满着信心？

在销售过程中，你不可避免地要占用购买者一些时间，这时你大可不必表现得格外内疚。如果这样，购买者可能反而感到厌烦，有时你充满善意地表示歉疚："××先生，实在对不起，打扰您这么长时间。"而对方可能会不怀好意地讽刺你："既然知道这么做对不起人，为什么还那么做呢？好啦！今天就到这里吧！"这样意外的回击完全把你置入了无所适从的窘境。你丝毫不能责怪购买者对你无礼，因为，无论如何顾客是你的上帝，你只能顺从他。

总之，销售工作是一种体力劳动与脑力劳动相结合的工作，是一种综合性的工作，是一种创造性的工作。销售员应具有很强的创造能力，才能在激烈的市场竞争中出奇制胜。作为一名销售员，要唤醒自己的创造天赋，要有一股"别出心裁"的创新精神。要突破传统思路，善于采用新方法走新路子，这样，他们的销售活动才能引起广大顾客的注意。

第三章
抓住客户的心理

当顾客开始注意到我们产品的时候，我们下一步要做的就是紧紧抓住顾客，让他们产生兴趣，强化兴趣，为进一步刺激其购买欲打下基础。引起顾客兴趣，是我们销售产品过程中的重要一环，我们应该条理清晰，切勿自乱阵脚。

快速把握客户的兴趣集中点

销售员要在与顾客接触的过程中判定顾客的类型。根据顾客类型，结合销售员对产品的了解快速判定针对特定顾客的兴趣集中点，围绕一至两个兴趣集中点展开销售，做到有的放矢。

一般说来商品的兴趣集中点主要有：

（1）功能商品的使用价值对于大多数顾客来说都是兴趣集中点，因此详细地介绍产品的功能是必不可少的，也是优先要考虑的。对于经济上不是很宽裕的顾客，强调商品的多种功能就显得尤为重要。

（2）流行性。它是虚荣型顾客的一个重要兴趣集中点，大多数装饰品、高档日常用品都应突出这一集中点。根据顾客的着装以及家庭用具可以判断出其兴趣是否集中于此。

（3）安全性。它对于食品、婴儿用品、电器等显得比较重要，特别是老年顾客以及保守型顾客兴趣会集中于此。

（4）美观性。青年顾客及年轻夫妇较多重视商品的美观性，女性顾客也比男性顾客更多地重视这一点，性格内向、生活严谨的人在注重商品的使用价值的同时，对其外观也较挑剔，如果你的产品外观上有缺陷你不妨刻意回避一下。

（5）教育性。随着人们收入的提高，对于这一点人们日益关注，尤其是中年顾客。

（6）保健性。如食品、服装、用具，针对老年人要强调这一点，有财力和有时间保护自己健康的顾客尤其重视这一点。

（7）耐久性。它作为使用价值中一个特殊方面受到大多数顾客的重视，但有些强调时尚的商品则不必强调其耐久性，对于青年顾客这一点往往不需考虑过多。

（8）经济性。强调商品的质量价格比优势无疑会使那些经济不宽裕的顾客的承受力加强。另外，"商品数量有限"往往会促使犹豫的顾客做出决策。同时，"物以稀为贵"的思想大多数人都认同，不妨稍加利用。

寻找客户感兴趣的话题

商谈是销售的一种常用方式，但如果仔细观察，就会发现这样的方式太过严肃了。

趣味性、共通性是对话中必不可少的，并且通常都是由销售员来迎合客户。倘若客户对销售员的话题一点儿都没有兴趣的话，彼此的对话就会变得索然无味。

例如，销售员看到阳台上有很多的盆栽，就可以这样问："您对盆栽很感兴趣吧？听说花市正在开兰花展，不知道您去看过了没有？"

当你看到高尔夫球具、溜冰鞋、钓竿、围棋或象棋等，都是可以拿来作为话题的。

总之最好是无所不知，比如对异性的流行服饰、兴趣和话题也要多多少少知道一些。

谈谈客户深感兴趣的话题，当打过招呼之后，缓和一下气氛，接着再进入主题，效果往往会比一开始就进入主题来得好。天气、季节和新闻也都是很好的话题，但是大约一分钟左右就谈完了，所以很难成为共通的话题。

销售中要多多少少懂得一些客户感兴趣的东西。要做到这一点必须靠长年的积累，而且必须努力不懈地来充实自己。

有些销售员选定每星期六下午到图书馆苦读，为了要应付各种各样的准客户。他们研修的范围极广，上至时事、文学、经济，下至家用电器、烟斗制造、木屐修补，几乎无所不包。

不论如何努力，但是由于他们的涉猎的范围太广了，所以，总是博而不精，永远赶不上任何一方面的专家。

因为不可能赶上专家，所以谈话就要适可而止。就像要给病人动手术之前打麻醉针一样，他们的谈话只要能麻醉一下对方就行了。

无论事前做了多么充分的调查，也有判断失误的时候，所以必须直接与准客户谈话，再进一步分析，才能有深入正确的了解。

转盘一样的话题

到准客户对该话题发生兴趣为止，你的话题得要像旋转的转盘一样，不停运转。

举例来说，一般先谈时事或天气。当与准客户见面时，如果没反应，立刻换嗜好问题(如果他有兴趣，从眼神中可看出)。要是仍然没反应，再换股票问题，如此更换不已。

有一次，原一平曾与一位对股票很感兴趣的准客户谈到最近的股市。出乎意料，他反应冷淡，莫非他已把股票卖掉了吗？原一平接着谈到未来的热门股，他的眼睛终于发亮了。原来他卖掉股票，添购了新屋。最后原一平知道他正待机而动，准备在恰当的时机卖掉房子，买进未来的热门股。

这是前后才九分钟的交谈。如果把他们的谈话录下来重播的话，一定都是片片断断，有头无尾。原一平就是用这种不断更换话题的"轮盘话术"寻找出准客户的兴趣所在。

当准客户双眼发亮，兴趣盎然时，原一平就借故告辞了。

"哎呀！真抱歉，我忘了一件事，我改天再来。"

准客户一脸诧异地看着原一平突然离去，表示他还意犹未尽。

而原一平呢？既然已经搔到准客户的痒处，已为下次的访问铺好路了，此时不走，更待何时？

用一段动听的故事签下一笔买单

在销售的语言技巧中，要运用到说故事的地方实在太多了。所以优秀的销售员一定也要是个说故事的高手。在销售的语言技巧中，小故事使用的比例高得惊人。引用小故事、成语或寓言也有几项简单的要领，内容精彩固然重要，但要客户听得入神可就需要一点儿要领了。

1. 改写剧本，添增趣味性

把一项事实加以转述，引用实例就是要用其真实性来达到验证的效果。引用小故事可就不同了，只要摘取原故事的大纲就行了，其他的枝节要删掉增加都可以。就算要加油添醋、夸大其词都悉听尊便，主要目的是利用其趣味性博得客户的会心一笑，让客户敞开自己的心扉。所以，绝对不要将其他销售员曾引用的故事原封不动地照搬出来。一定要用自己的语气改写内容，让老掉牙的故事带上自己的特色。

2. 略带恐怖或幽默

小故事的目的有两个：一是要让客户略觉恐怖，二是要让客户觉得幽默。前者可以让客户产生恐惧"不买的话会如何如何"，后者则让客户产生梦想"买了的话将可享受什么样的乐趣"。

一般在接近阶段用幽默的小故事，此时效果比较适宜，在拒绝处理阶段则视客户拒绝的态度来决定，至于促成阶段时则较适合使用具有恐怖效果的故事。

3. 突然引用

不要先对小故事进行简介。"有个故事是这样的……"这是讲小故事的一般开场白。不需要做预告，单刀直入开讲就可以了。因为当客户一听到"有个故事是这样的……"往往会认为那只是个故事，和自己没有多大关系。

4. 随时都可以来上一段故事

引用小故事是为了提高客户的购买意愿，不见得非得在客户表示拒绝后，所以在任何一个阶段随时都可以来上一段故事。当然，客户拒绝时一定也有相应的故事可做缓冲，因此平时应多准备一些可用的小故事。

讲有关保险的故事是在保险销售的过程中很重要的一环。有些客户没有保险意识，听了这类故事才会产生这种意识。

保险类故事讲得相当传神的原一平，很有使客户听得激动起来的本事。讲到令人鼻酸的重点时，原一平甚至会掉下眼泪。

有人向原一平请教："你是怎么训练自己讲保险类故事的能力的？"

他回答说："有些人以为我本身就具有近乎演员的天赋，其实不是这样的。每当我自己要讲一个保险类故事，就要像演员一样从背诵剧本到融入当事人角色，认真地练习一二十次，直到抓住故事的精髓所在。"

任何事差别就在用心与否。原一平的能耐绝不可能是凭空得来的。

从好奇心上做文章

销售员在实际销售工作中可以尝试先唤起客户的好奇心。先引起客户的注意和兴趣，然后从中道出销售商品的利益，迅速转入面谈阶段。唤起客户好奇心的具体办法则可以灵活多样，尽量做到得心应手，运用自如。

当接近准客户时，一位保险代理商就会问："5公斤软木，您打算出多少钱？"客户回答说："我根本不需要什么软木！"代理商又问："如果您坐在一艘正在慢慢下沉的小船上，您愿意花多少钱呢？"由此令人好奇的对话，人寿保险代理商阐明了这样一个思想，即人们必须在实际需要出现之前就投保。

　　进入客户办公室的一名销售员手里拿着一个大信封，进门就说："关于贵公司上月所失去的250位客户，我这里有一份小小的备忘录。"这自然会引起客户的极大注意和兴趣。

　　一位服饰销售员多次被某大百货商店老板拒绝接见，原因是该店多年来使用另一家公司的服饰品，老板认为没有理由改变固有的关系。后来这位服饰销售员在一次销售访问时，首先递给老板一张纸条，上面写着："你能否给我十分钟就一个经营问题提一点儿小小的建议？"这张纸条引起了老板的好奇心，销售员顺利地被请进门来。他拿出一种新式领带给老板看，并要求老板给这种产品报一个公道的价格。那位老板仔细地检查了每一件产品，然后作出了认真的答复，销售员也进行了一番细致的讲解。眼看十分钟时间快到，销售员拎起皮包要走。然而老板要求再看看那些领带，并且按照销售员自己所报价格订购了一大批货，这个价格略低于老板本人所报价格。可见，好奇接近法对销售员顺利通过客户周围的秘书、接待人员及其他有关职员，敲开客户的大门很有帮助。

　　无论利用语言、动作或其他什么方式，都应该注意一点：你所利用的方式一定要与销售活动有关，能引起客户的好奇心理。如果客户发现销售员的接近方式与销售活动完全无关，很可能立即转移注意力并失去兴趣，无法进入进一步的面谈。

　　出奇制胜得用一些办法来引起客户的好奇心理。在现实生活中，每个人的文化知识水平和经历各不同，兴趣爱好也有所不同。在某个人看来，新奇的事物，在另一个人看来并不一定新奇。如果销售员自以为有趣，而客户却一点儿也不感兴趣，就会弄巧成拙，增加接近客户的困难。

应对不同类型的客户

我们面对的客户各种各样，但是基本上可以有四大表现类型：

1. 犹豫不决的客户

这类客户的特征是说话迂回，不好意思与人对视，语气较轻，想保持距离。接待这样的客户，首先要找出他不明确的因素，帮助他（她）明确目标。最好能主动向他（她）提供一些建议方案，主动关心他。从寒暄入手，化解他（她）的距离感，再逐步引导出他（她）真正的需求。

2. 坚持己见的用户

这类客户的特征是说话较多，听不进去你的说法，有先入为主的意见。态度有点儿趾高气扬，多半说话会带出很多批评的口气。接待这样的客户，应该先不管对方的成见是否正确，立刻开始行动，不要浇冷水。用事实与结果来证明他（她）的对错，而且需要照顾他（她）的自尊心与面子，不要正面冲突。可以用类似这样的话：好像您原来的判断还不够完整，如果加上这样的方案可能就完全解决了，等等。尊重客户的判断，适当地照顾客户的自尊，这样客户就永远是公司的忠诚支持者。

3. 和善的用户

这类客户的特征是语气平稳，态度和善。说话轻声、讲理，但对自己的判断没有信心。接待这样的客户时，应该先给予正面的赞赏与感谢，拉近彼此的距离，与客户共同研究可能需要的服务。确认客户完全了解公司所提供的解决方案后，开始进入下一步，可能的话让客户全程参与，会得到更好的效果。

4. 愤怒的用户

这类客户的特征是言语不清，面红耳赤，说话大声，甚至有些语无伦次。接待这类客户时，绝对不要与他对骂，让他先有节制地发泄愤怒的情绪，然后请他坐下，为他倒水。当他发过一些脾气之后，就会开始冷静。掌握好时机表示同情和理解，注意倾听，运用良好的提问技巧与解释技巧，让客户恢复平静，并且掌握如何处理他的问题。

可见，拥有成熟出色的应对技巧的销售人员，才能建立成熟的服务体系；掌握良好的服务系统，才能逐步累积客户对品牌的忠诚度，公司才能在激烈的竞争当中屹立不倒。

建立默契的客户关系

在客户这个复杂群体中，包含了不同阶层、职业、生活习惯和消费兴趣等特点的人，各个客户之间是相互关联，互相影响的。每一个客户在使用某一物品后，还会通过影响作用促进或抑制其他人的购买行为，从而在更大范围和程度上影响企业的产品销售和收入。一个好的产品或一项良好的服务，可以随着客户信誉的提高，不断地扩大市场。相反，低劣的产品和服务会由于客户的传播而使公司名声扫地，甚至关门倒闭。

"客户至上"的第一原则实际上就是要求企业树立以客户为中心的观念，了解客户的需要和对产品的意见，提供优质产品和完善的服务，建立良好的客户关系。在激烈的市场竞争中，重视客户，关心客户，方便客户也会给我们带来成功的机会。

建立良好的客户关系，应该确立以下准则：

1. 提高产品质量是建立企业和客户良好关系的基础

产品质量就是要保证产品物有所用。产品质量的竞争是激烈的市场竞争中最主要的因素，没有客户满意放心使用的产品，也就没有建立良好关系的物质基础，企业在市场竞争中也将始终处于被动地位。

2. 要建立良好周到的售后服务

人们无论做什么事情，总是希望处于一个充满热情、友好的氛围，和一个得到支持和帮助的环境。如果客户购买的彩电出了故障，电视机厂家能热情地上门维修，帮助用户及时排除故障，这种活动本身就是企业和客户之间感情的交流和信息的交换。现在，绝大多数客户在购买产品时，都把是否有完善的售后服务作为选择产品的重要条件。客户购买了企业的产品，只是和企业建立关系的开始，要维持这种关系并使之长久，结下深厚友谊，更多的是通过售后服务来实现的。企业应主动关心客户在产品使用中出现的问题，推动产品新功能的开发，帮助客户保养和维修。企业只有提供良好周到的售后服务，才能与客户建立良好的关系。

3. 要树立"客户总是正确的"消费原则

服务质量和服务态度，是企业特别是商业企业建立良好客户关系的重要因素。市场的魔力使产品销售克服了"独此一家，别无他店"的现象。客户总希望买到称心如意的商品，这里的"称心"就不仅来自于产品本身，也来自于产品销售者的服务质量和服务态度。

4. 利用宣传媒介，争取客户信赖

生产者和消费者之间的信息往往是通过宣传者沟通的，宣传者的威信对改变消费者的心理倾向起着重大作用。企业无须让客户购买产品，只要利用信誉好的宣传影响，即可获得消费者对生产者的信誉效应。当然，生产者产品的优劣是消费者购买与否的前提，宣传者的手段则是诱导购买的关键。两者相辅相成才能有效引导消费者购买力的投向。

松下幸之助指出，"经营的理念"必须是根植于领导者的人生观之中，是真正发自内心的。如果它只是一种口号，那么再动听的经营理念，也不能发挥真正的经营效用。

站在客户的角度思考

销售员在做出相关服务之前都要知道该产品的特点。销售易拉罐的人会向客户大力鼓吹罐缘有弧度，而且可以承受某种程度的重量。同样地，我们可以将具有尖端、用墨水书写列为钢笔的特性；也可以把两百页、长方形列为本书的特性。没错，这些都是产品的特性，但都是一些无法引人注意的特性。

这些特性都是缺一不可的，没有人会想买一支没有笔尖的钢笔，但是它们却不是客户对产品的第一要求。通常，客户所关心的是截然不同的角度：产品会带来哪些好处？而这得靠我们去提醒。

产品会带来哪些好处？以易拉罐为例，如果它的设计能够提升食品加工厂的日产量，就算是一项好处。考虑要购买钢笔的人，可能会将墨水管较其他品牌容易装卸，视为一项产品优点。如果将本书和其他谈销售术的书籍加以比较，可发现本书划分成许多简短、易读的章节，这对时间永远不够用的销售员来说，算是一项很重要的考虑因素。看看下面这个案例：

有一次，一个电力部门想做一个10平方米的大屏幕。负责销售的尹力经过具体的测量后，告诉他们不要做"10平方米"的屏幕，"8平方米"的屏幕视觉效果更好。

许多人都说尹力太傻，客户想做大一些的还不好？做大一点儿提成也就高哇！

　　但尹力没这么想，他想的是：如果不提建议，而是按照客户的要求做了"10平方米"的，安装完毕后如果客户觉得不对，尽管自己一句话就可以糊弄过去："当初是你们要做10平方米的呀！"但客户嘴上不说，心里也会觉得是我坑了他，因为我是专业人士，应该给他们提出中肯的建议。

　　尹力站在客户的立场，为客户着想，赢得了客户的信任。此后，这个电力公司又介绍了好几个客户给尹力，尹力的销售业绩也大幅提高了。

　　你的产品或服务又如何呢？它们能提供哪些好处？你的客户能比竞争厂商的客户多哪些有形的优势？

　　一旦能从这个观点——潜在客户的观点——去分析，将可以勾勒出一套具有说服力的销售重点。不谈产品的特性，而一味以扫兴的技术资料对客户进行让其感到疲劳的轰炸，是一般销售员常犯的错误。

　　回想一下自己购物时是怎么做决定的吧。你首先考虑的肯定不是割草机、电冰箱、汽车是如何装配而成的，而是这些产品是如何帮你割院子的草的，在需要时是怎样为你制造冰块的，或者是如何省油的。

　　如果向你销售的店员能够瞄准这些需求，你们之间就能存在一种共同语言，这将有助于你们就产品的一些要素进行沟通。

　　相反，如果店员大费口舌地向你解说割草机的内部构造，基于礼貌，你会不断地微笑点头，假装听懂他所说的，实际上却永远无法得到自己感兴趣的产品知识。有可能的话，你可以以客户的身份实际使用一下自己的产品，从客户的角度来研究、剖析，这样你就能详细地向客户解释选择你的产品能获得哪些好处。

慎重选定访问的时间

如果你是一位保险销售员，你要重视每一位受访的准客户，他们因职业的不同，生活起居会有些差异。由于每位客户作息时间不同，所以销售员必须因每位受访者的起居时间而做弹性的安排。

只有客户最空闲的时刻，才是访问最理想的时间。举例来说：

一般的商店——大约在上午七点到八点的时间，是最理想的访问时间，因为一般商店的生意一大早最清闲，是访问的理想时刻。

较晚打烊的商店——此种大约在深夜才打烊的商店，大都在中午以后才开始营业，所以恰当的访问时间是下午两点左右。

鱼贩与菜贩——这是较特殊行业，大清早出门采购，非但整个上午忙碌不堪，就是下午四点到六点也是生意兴旺，所以最适宜的访问时间就在下午两点左右。

医师——这也是特殊行业，大概从上午九点开始，病人就川流不息，因此上午七点到八点应该是适宜的访问时间。

公务人员或公司职员——如果到公司去访问，应该在上午十一点以前；若是住宅的话，适宜在晚上六点到八点之间。

邮局或警局的值班人员——适宜在晚上七点到九点之间访

问。

上述所列举的都是第一次访问的理想时间。

如前所述，当你面对初次见面的准客户时，绝口不要提保险之事。因为如果你不提保险，而对方早知你的来意，何必多此一举；再说，准客户已知你的来意，但对保险未感到特别的需要，此时你就是使出九牛二虎之力，还是会徒劳无功。

所以，实际的任务是彻底了解准客户的一切，设法去接近他们，并使他们了解寿险的意义。只要达成这一目标，剩下的工作就易如反掌了。

有些销售员求功心切，认为这种做法兜的圈子太大了，所以向准客户直截了当地谈投保之事，并缠着准客户不放，结果往往得到反效果。因为太直接的做法，会给准客户带来心理上的压力，并认为销售员强人所难，结果原本可能投保的准客户，也因销售员的操之过急而放弃了投保。

销售员在第一次访问准客户之时，要摸清对方的个性，并建立起亲密的关系。

由于你第一次访问时已与准客户建立了亲密的关系，所以第二次访问，你可以更改访问的时间；原则上你都应选在下午三点钟左右——准客户较清闲的时刻。

选择这一时刻做第二次访问，除了因为此时准客户较清闲之外，还有一项重要理由：通常一个人工作了一天，到了下午三点钟左右，工作大约告一段落，觉得有点儿疲倦，心情也较松懈，内心正企盼有个聊天的对象时，于是你就在这一识相的时刻出现了。

你这名突然出现的家伙，以快速的谈话节奏，不提保险，找些有趣的话题，像连珠炮似的连放个五六分钟，当你把准客户逗笑，或是多少驱走他的疲意时，你就留下那些有头无尾的话题，借故溜走了。

因为全部的谈话时间只有五六分钟，所以不会干扰到准客户的工作。再说，准客户因疲倦而有些困意之时，凑巧来了一个有趣的家伙，正好把困意驱走。

这么一来，准客户非但对你印象深刻。而且会觉得你真有意思——保险的销售员居然不提保险，只说了几句笑话就走了，真是可爱呀！从此以后，准客户就会安心地期待你的再访了。

时间就是金钱，所以销售员必须用心安排自己的访问时划，以免因择时不当而浪费时间。

由于销售员就是不请自来的不速之客，所以访问结束回家后，记得要写一封简单的信函，向准客户表示你的冒昧并谢谢他接受你的访问，即使是短短的"今日承蒙接见与赐教，十分感激，特致函表示谢意"几句也行。

用优质的服务赢得客户的信任

你不妨研究一下当今美国的那些真正取得成功的公司，你将发现它们都有一个共同点——在各自的行业里努力为顾客提供最优质的服务。诸如国际商用机器公司、麦道公司、联邦快递服务公司这样的国际知名大公司无一不在各自的市场上占有非常大的份额。同样，每一位出色的销售员都致力于向顾客提供上乘的服务。有这样一种人，他们盲目地寻求更好的方式，想尽办法取悦他们的顾客。不管推销的是什么产品，他们都能保持一种坚定不移的、日复一日地服务热情。各行各业的领头人莫不如此。

只靠一次重大的行动是不可能实现赢得终身顾客的目标的，要想建立永久性的合作关系，你决不能对任何一种服务掉以轻心。每件事都做到了兢兢业业，顾客就会觉得你是一个可以依靠的人。因为你会迅速回电话，按要求发送产品资料……这些事情听起来是如此的简单——确实，它们也并不复杂，难的是"几十年如一日"的优质服务，它确实需要一种持之以恒的自律精神。

联邦快递公司就是一个取得了巨大成功的好例子。因为它能保证跨地区或跨国界的准确、快速投递，顾客们往往都愿意付出比一般平邮高出几十倍的快递费。有趣的是，大多数的平邮信件都可以在二十四小时内送达目的地，但没有绝对的保障。从中我们看出客户还是比较倾向于优质、可靠的服务的。

总是有人对雷说："雷，我来你这儿之前已经转过好几家店了，我以前也曾经买过你的货，但是我还是愿意上你这儿买东西，因为有一样东西是别人无法提供给我的，那就是你，雷。"当雷听到这种话时，他觉得那是世界上最动人的奉承话。多次合作，重复交易是如此的容易，比起第一次对这些顾客做的推销努力来，真是简单得多了。人们都真心地感激雷在提供服务时付出的额外努力，当他们再次来买车时，他们不会忘记他们得到的优质服务。事实是他们在走进来见到雷之前，就已经被他说服了，因为雷通过第一次成交后的优质售后服务赢得了他们一致的好感和信任。

雷看到过的一份调查报告显示：虽然一些注重服务的公

司要收取产品价格的10％作为服务费，但他们的市场占有量也能每年保持增加6％左右；而那些服务不佳的公司每年要损失两个百分点。雷把这解释为：提供优质的服务总能得到满意的回报。

几年前雷听到有人说："销售游戏的名字就叫作服务、服务再服务。"雷从来没有忘记这句话，它强烈地影响着他的推销生涯，甚至可以说是最大的一个影响因素。

雷总是相信，卖给顾客第一辆车只不过是长期合作关系的一个开端。在他看来，如果单辆车的交易不能带来以后的多次生意的话，自己就是一个不折不扣的失败者。要想取得成功，你就必须为顾客提供足够高质量的服务，以使他们一次又一次地回来买你的产品。当你计算一下一位满意的顾客一生中会买多少辆车时，他买的第一辆车也就只能算是冰山的一角。雷估计那些购车顾客在一生中每人大约要花几十万元去购车。如果再加上那些满意的顾客介绍来买车的家人、亲戚和朋友的，数目总额一定会高达七位数。

没有哪位销售员能够承担因服务质量差而失去顾客的责任，如果他们充分考虑了公司为争取到一笔交易所花费的开支，他们就更加无法承担这种损失。气流公司的一位经销商计算了一下，他的移动房屋式游艺车经销店平均要花80元做广告和接待每一位顾客。如果平均成交率为25％的话，公司要花340元才能赢得一位顾客，再加上其他的经常性花费，加起来可不是一笔小数目。每个人都应该认识到因服务差而失去顾客会造成难以置信的浪费。

经常性开支是每家零售店都有的，这笔费用平摊下来就可以看出在每一位顾客身上花了多少钱。在外做推销的人也可以计算出要花多少钱才能得到一笔新的生意。除了实际的花费外，我们还有必要分析一下确保新顾客所付出的代价：时间、汗水及心血等，每一位销售员都可能付出很高的无形代价。例如，一位刚做推销的股票经纪人可能在一天时间里就要打100多次电话，可是能促成交易的也许只有一笔，甚至一笔都没有。

瑞克是雷的经纪人，他是美林集团1.2万多股票经纪人中最出色的300位之一。他说他平均要花10多个小时才能争取到一位新客户，而雷的前一位经纪人从来没有花过这么多时间为雷提供所需的服务。雷坦率地告诉瑞克，他非常珍视那些与他共同努力，以期达到长远目标的人。他们有几次一起共进午餐，还有很多次长时间的电话商谈。雷甚至参加过一次他为客户们举办的房地产计划研讨会。正是在他们第一次谈话过去几个月之后，雷与他签了第一份订单。

瑞克说："我最有效的办法就是深入了解顾客的财政目标，在尝试找到恰当投资方式之前就做好这一工作。我干这一行并不仅仅为了获得一份订单就完事。我很愿意去建立起一种长期不断的合作关系，所以有时候我必须掌握全面的情况，比如顾客的固定资产，这里面包括房地产、保险、遗产、商务状况、退休计划等所有的信息，以便我能做出恰当的评估。一般说来，顾客越是富裕，做成第一笔交易所需要的时间就越长。我曾经和一些人合作一年之久才能够签下一份订单。"

同样，房地产经纪商在做新的推销尝试之前，经常要详细察看整个地段或服务区的市场的具体行情。刚上任的人寿保险代理人可能打通几百个电话之后才能获得一个预约承诺。如果一位销售员的成交率为20%的话，你可以想象并简单计算一下他必须要投资多少时间和精力才能拿到一份订单。

这一切都清楚地表明，销售员必须付出巨大的代价来争取一位新顾客。所以，一旦你建立起联系，决不要轻易地失去它。然而，还是有些销售员会因为某些极其愚蠢的原因得罪了顾客。比如说，一位购买了价值2.5万美元新车的顾客回头找到销售员，说他的磁带驱动器出了毛病。完成检修安装之后，销售员说这种问题并不属于保修范围，因为是顾客的孩子人为的操作失误造成了故障。说完销售员就递给顾客一份50美元的维修单，顾客虽然很勉强地付了这笔钱，但销售员再也不能指望他会回头再来光顾生意了。仅仅因为那倒霉的50美元，就失去了2.5万美元的顾客，是多么得不偿失呀！即使有时是顾客的错，即使有时需要你自掏腰包，你也必须尽一切可能地让顾客满意。这是一种聪明人的生意，尤其当你知道赢得一位新顾客需要多少花费的时候。毕竟，比起保住一位老主顾来，争取到一位新顾客需要你付出好几倍的辛勤努力。如果你无法为顾客提供这种服务，建议你削减广告预算，把剩下的钱用来建立一笔小的现款基金，以便为顾客提供那些其实不能享受的额外服务。可以相信，如果你这样做了，你一定会赚到更多的钱。

面对顾客的拒绝，思路要清晰

销售员遇到的抵制有两种——正当的和不正当的。当然，克服正当的抵制是不可能的。如果销售员试图克服它们的话，那将是错误的。对他来说，重要的是承认它们是正当的，尊重潜在的顾客做出的决定。

然而，表面上看起来似乎正当的抵制，往往又只是借口。一定不要把借口看成真正的抵制。不要非常直接地告诉一个顾客，说他只是在寻找借口，或者是不愿意做出明确的回答，而是要把关于销售的话题转移到有点儿不同的问题上，以使他认识到他所坚持的立场是没有理由的。

对付像"这些商品不符合我们的需要""价格过高"，或者"我们现在没有钱买这些"这样的拒绝，并不是一件容易的事。但在一些情况下，这种抵制可能不是正当的，往往只是拒绝购买的借口。这时是销售员必须展示他的说服和劝说能力的时候，他应该明确地向他的顾客说明，乍一想，这些好像是正当的抵制，但实际上，只要他稍加考虑这些看法和理由，他就会发现他是应该买的。

无疑，在这一点上引起的麻烦比应该出现的要多得多，因为销售员不可能逐步地把顾客的心理状态引导到使他忘掉所有抵制的程度。抵制、挑剔和寻找缺点是人的本性，销售员必须准备应付真正的或者正当的抵制和不真实的或者不合理的抵制。首先，他必须提前准备并清楚而合乎逻辑地回应许多非常普通的抵制，这些抵制都是与他的商品联系在一起的。

年长的、经验更加丰富的销售员和销售经理，通常会为一般可能做出的抵制想出最有效的应对措施。年轻而缺乏经验的销售员应当向他们征求意见。如果可能，他必须一开始就要为在他销售过程中听说的10种最一般的抵制，准备好恰当的应对措施。

美国一个最成功的人寿保险公司经理，对于这种非常普通的抵制，已经为他的员工准备了一个标准答案，以此来满足正在努力销售人寿保险的销售员的需要——"我正在考虑让我的妻子也参与这件事。"

销售员应该学会使用不抵抗法则，说："这是一个非常好的主意，布莱克先生。这是个很重要的问题，您当然应该让您的妻子表达看法；但是请允许我向您提出如下建议，在与您的妻子讨论这件事情之前，您最好事先让我们的医生给您检查一下，以保证您能通过体检，因为，如果您告诉您的妻子您准备参加人寿保险，而您却未能通过这个体检的话，只要她还活着，她就会非常担心您。"这个潜在的顾客几乎总是会说："是的，你对此的看法是正确的，我应该采取那种预防措施。"不用说，在医生进行了体检之后，结束交易十有八九是非常容易的。然而，如果先在家里讨论这个问题，出现这样的结局则是不大可能的，或者是非常困难的，因为在销售员还没有出现之前抵制就已经出现了。

有人说，你不应该违反不抵抗法，否则可能有顾客抵制的风险。一般而言，这个逻辑是正确的。但是，就像所有的规律都有例外一样，当然也会有某些人，他们不喜欢模棱两可，或者认为"要么接受，要么拒绝的"态度是最有效的。

还有一些情况，即使是最老练的销售员也至少会遇到暂时性的失败。

只要与你潜在的顾客说上几句话，你就能很准确地对他做出评价。你要很好地研究你所面临的对象，直至引起他的兴趣，改变他的思想，消除他对任何销售东西的人特别是对你的天生的偏见，你看，你面临的任务是多么艰巨。在这种情况下，相遇的两种人之间有一种天生的屏障，要打破这种屏障，在很大程度上取决于你、你的谈话、你展示的人性。你要展示自己最好的、有吸引力的、受欢迎的、崇高的一面，无论你能不能逐步地引导你的潜在顾客，你都要把他的抵制变成漠不关心，把漠不关心变成感兴趣，再把他的兴趣变成期望拥有你所销售的商品。

不要像吵架一样地和顾客争论，除非你必须与他据理力争以证明他是错误的。但是，不要让顾客感到"很卑贱"，或者有羞辱感，也不要因反对而惹恼了他，特别是不要在你业务范围以外的问题上惹恼了他。

一个销售员在间接提到政治形势的时候，他实际上已经与顾客签订了一个大订单。他谈到了政治形势，潜在的顾客站起来，愤怒得直跳，以至于差点儿就拒绝与他签订单。

现在，这个销售员不会在顾客面前谈论政治了，或者向潜在顾客表明他在任何公开问题上都是站在错误的一方了。他的任务是销售自己的商品，而不是谈论政治。

无论发生了什么事情，一定不要惊慌失措，在任何情况下都不要表现出憎恨或失望，或者让自己卷入一场争论之中。寻找机会结束你们的谈话，而且你说出的话要给人一种非常诚恳的印象。否则，当你再来时，他们一旦想起你令人不快的经历，就可能把你堵在外面了。

有的销售经理认为，没有太大的必要去注意这些抵制。他们说，最好是让销售员熟悉自己的商品，对顾客表现出热情，这样，他就可以提前避免所有的抵制，或者驳回它们从而征服顾客。这也就意味着如果抵制出现的话，他将不会努力去应对它们，他不会去说或者去做，好像压根儿就没这回事儿。这种态度中包含着一些正确的思想，但我认为，销售员应该对自己有更多的信心，对许多突发情况真该有更好的准备，如果他已经经过全面的训练，用好的、适当的答案应付最普通的抵制就非常容易了。

通过降价在潜在的顾客心目中形成偏见是世界上最容易的事情。他会以为你这样做是为了得到他的第一个订单，下一次你还会这样做，他将会完全用"他的眼光"来观察你。他敏锐的感受能力中保持着警惕，准备抓住你任何不够谨慎的话，找出矛盾，估量你的言语中的不可能性。换句话说，他在努力从你的陈述中找出漏洞，努力抵制你，并试图用抵制来击倒你，这是人的本性，不要在开始时就因降价而破坏了你的信誉。

记住，总的看来，抵制仅仅是借口，在绝大多数情况下，它们并不是顾客不买的真正理由。因此，不要把顾客的抵制当回事儿。要知道如何令人满意地回应它们，但千万不要夸大它们的重要性。

第四章
制定目标

一个最神奇的射箭高手，如果缺乏标的，他将无所适从；最新式的喷射机，如果没有目的地，它将不会起飞；最伟大的棒球队，如果不是冠军杯等待他们去争取，他们将烟消云散。

目标设定是梦想实现的第一步，勇敢地踏出，并且毫不怀疑，设定目标就是迈向成功。

设立切实可行的目标

人生舞台是个战场，上战场一定要有一个目标，没有目标的战斗一定会惨败。当我们看到那些对人生长吁短叹的销售员时，可以肯定地说，他们不是没有人生的目标，就是不知道该如何达成他们的目标。而偏偏这世上充满了这一类怀才不遇、时运不济的人。事实上，了解目标设计的重要并实际地实行，将会使得成功具体地在某一天的努力中实现。我们是可以拒绝怀才不遇，时运不济的。

我们常听到有人说："我一定要成功，我要拥有自己的房子、汽车，我要发财，而后布施、行善。"很多人都有如此的愿望，这就是目标设立吗？当然不是，这绝不是目标设立，这是盲目的喊口号。目标设立的重点如下：

（1）必须是自己衷心期盼，想要达到的目标。在自己发自内心的愿望驱使下，才能集中注意力，心甘情愿、全神贯注地追求目标。

（2）必须是可执行的。我们可以尽自己所能去梦想，也许目标非常远大，但只要是可达成的目标一定可以分成远期、中期、近期来逐一完成。由近而远，由小而大，才能达成目标。

（3）目标的设定必须是有期限的。因为我们无法长生不老，所以应该在有限的生命中去实现自我。自我实现的过程正是每一个计划配合一定时段的完成。设立任何目标，都应该定下确切的完成日期，否则将会使目标不断拖延，而且和下一个目标重叠，完成也就遥遥无期了。

（4）不管目标执行的结果如何，都将成为一种习惯。目标由计划执行后，也许无法完成，也许轻易达成。不管怎么样，要注意的是，目标设立后，会因为放弃而失败，或因坚持而成功，都将变为一种习惯。种种的习惯堆砌成一个人的命运，当我们想放弃曾经设立的目标时，它会使我们养成虎头蛇尾的习惯；而当我们坚持去实现目标时，它会使我们养成贯彻始终的习惯。

目标达成时，应该适度地奖赏自己。平常，当我们想去买件昂贵的东西，或放松一下去休闲旅游时，为什么不在之前设定一个目标——若完成了，就可以如愿以偿畅快地享受了。因为若时常这样做，自己的观念中便养成了有努力便有享受的诱因。相反，平时就毫无节制，想怎样就怎样，就会缺乏这种成就目标的感受。曾经有位长者在街上遇到一位懒散的年轻人，他们攀谈了起来。长者说："年轻人，为什么你不找份工作呢？"这个年轻人懒洋洋地躺着说，"我为什么要找份工作呢？""因为，这样可以使你赚到钱哪！"年轻人又说了："那又怎么样呢？""假如你好好工作，既努力又勤奋，那么，日子一久，你就可以存一笔钱，放在银行生利息啊！"这个年轻人实在有点儿不耐烦了，便问这位长者说："那又怎么样呢？""哎呀，到了那个时候，你就可以退休，不用工作了呀。""老伯，我现在就不必工作了呀！"这个年轻人转过头去，再也不理那位长者了。

各位，如果一切美好的享受都可以不设立目标，不努力实现而得到，那为何又要设立目标呢？所以请在目标完成时奖励自己一番吧！使自己乐于设立目标，并能努力实践。

目标设定是梦想实现的第一步，勇敢地踏出，并且毫不怀疑，设定目标就是迈向成功。

了解顾客的类型

顾客，在这里是一个广义的概念，它是指购买产品以及可能购买产品的机构和个人。

公司、机构一类的顾客以及个人的顾客有着明显的区别，他们的购买动机、目的及数量各不相同。公司机构类的顾客一般购买的专业性较强、购买量大。他们购买产品或用作生产资料，或自己使用，或转手再卖出。作为个体的顾客，一般购买量小，购买产品也是为自己所用。销售员应针对不同类别的顾客，采取不同的销售策略。

顾客大体分为以下6种类型：

（1）理智型。这类顾客的购买行为是在理性购买的动机支配下形成的。这种类型的顾客头脑冷静、清醒，很少受外界环境的干扰。他们购买商品时，很少受广告宣传、商标以及华丽包装的影响，可以按照自己事先既定的购买目标进行购买活动，购买商品以后很少后悔。为了帮助顾客了解产品的各种特性和优点，销售员应当利用样本、说明书等宣传媒体，向顾客进行介绍，并现场示范。

（2）冲动型。这类顾客的购买行为是在感情购买的动机支配下形成的。这种类型的顾客，事先并没有经过认真考虑就确定购买，他们容易受广告宣传、商标、商品包装所影响，特别是容易受购买气氛的控制。这类购买行为多数是从个人的兴趣出发，不大讲究商品的性能和实际效用，购买后容易后悔。对于这种类型的顾客，销售员可以通过口头说服、加强包装等手段诱导其购买。

（3）习惯型。这类顾客的购买行为比较受信任动机的支配，他们往往愿意购买经常使用的一种或数种品牌商品，并且愿意购买和自己熟悉的销售员销售的商品。他们的购买力集中，购买目标稳定，很少受外界的干扰。同时，这种类型的顾客，由于对购买的商品较熟悉，在购买时一般不太认真挑选，购买行动迅速。对于这种类型的顾客，销售员必须促成公司保持住产品的特性、品质以及良好的服务，还得经常了解顾客使用产品的情况。

（4）经济型。这类顾客以商品的价格作为购买的依据，大体分为两种：一种是高收入阶层的消费者，特别热衷于购买高档商品；另一种是低收入阶层的消费者，由于收入有限，购买商品时特别对减价、廉价商品感兴趣，对商品的花色、品牌不太注意。对于这种类型的，销售员在销售工作中要特别注意价格因素。

（5）想象型。这类顾客的感情和想象力比较丰富。他们以丰富的联想衡量商品的价值，购买时注意力容易转移，兴趣容易变化。这类顾客往往对商品的外表造型、颜色和品牌比较重视。销售员应该把握这类客户的这一特点。

（6）不定型。这类顾客在购买商品时没有固定的标准和偏爱，一般都是随性购买或尝试性购买，购买具有不稳定性，购买后容易后悔。对于这类顾客，销售员应当运用适当的销售策略，有效地吸引其购买。

了解了顾客，才能有目的地进行销售活动。但是无论如何，销售员要做的第一步工作，就是寻找顾客。有人说过这样一句话："寻找顾客是销售员赖以生存或成长的基础，同时也为想象力与创造力的应用提供了一个绝佳的机会。"寻找目标顾客，包括接近目标顾客，是销售员要做的第一件事。只有寻找到了顾客，销售工作才有了对象，寻找目标顾客为销售程序的其他工作打好了基础，使销售工作在这个基础上，顺利地进行下去。

寻找潜在顾客

潜在顾客指销售员确认为需要或渴望得到产品或服务的销售先导。为此，销售员需要将销售先导转变为潜在顾客。

可用潜在顾客对产品的需要或明显的渴望来加以衡量。销售先导被确认为潜在顾客以后，下一步就是根据购买产品或服务的能力和权力对他们进行限定。

通过限定潜在顾客，销售员可以估计其购买所提供产品的能力。一位经理可能喜欢某种牌子的复印机，但是公司已经决定购买另一个厂牌的复印机，使他不能成为潜在顾客。同样，一对年轻夫妇渴望住进豪华公寓，但是他们的收入让他们无法支付这笔费用。销售员限定合格的潜在顾客就是目标顾客。

对于销售员来说，从潜在顾客中找出目标顾客，是十分必要而且很重要的事。准确而迅速地找出目标顾客，不仅能够节省销售员的时间，而且使销售工作能够顺利地进行下去。

目标顾客是指真正有可能购买产品的顾客。目标顾客是潜在顾客的组成部分，但二者却有着区别。潜在顾客的范围比较广，是指有可能购买销售员提供的产品或服务的任何人；而目标顾客是在潜在顾客之中，有足够的权力或者财力来制定购买决策的个人与组织。

事实上，并不是每一位潜在顾客都是目标顾客。虽然如此，销售员仍然须重视每一位潜在顾客，因为你还并不了解他们的需要、愿望与能力，他们之中的任何一个人都有可能会购买你的产品。

销售员必须有了谈话对象（即顾客或目标顾客），才能进行销售谈话。但是要找到顾客或目标顾客有时十分困难，在这种情况下，良好的社交关系也许能发挥作用。

你要利用社交关系时，不仅应当想到目标顾客，也应当想到那些能够给你带来目标顾客的老关系。还可以利用推荐信和有关资料，以及考虑别人向你提出的新建议，或你因此而产生的新的主意。应当考虑你有哪些关系可以利用，你是否在用你的关系浪费时间，以及为什么要维持这些关系。这中间肯定有一个理由，也许很简单。你要想到，你能够认识的某些人，他们能向你提供帮助。对于销售员来说，要充分利用这些帮助寻找顾客。

销售员应当走访哪些顾客呢？你首先应当考虑以下的问题：谁已经购买了你的商品或接受了你的服务？谁购买了竞争者产品？哪里还能进行销售？哪些销售领域还尚未大力开发？为什么某些人只购买某些商品和接受某些服务项目？怎样才能使这些人购买你提供的商品？在市场上，人们对你或其他人的商品感觉如何？有哪些特殊的愿望和需求需要顾及？当你提出类似的问题并寻找答案时，你就会发现，你还有许多找到新顾客的途径。

目标顾客群的寻求极少在大范围内进行，而是由销售员各自展开的。顾客群不可能随便组建起来，往往必须为之付出努力。即使你已选择好了自己的目标顾客群，或者这个目标顾客群已经大致确定，你还必须为保住这个顾客群做许多工作。

如果你打算建立自己的目标顾客群，就需要为自己树立一个目标，并制订一个计划，尤其在寻找新顾客的时候，就更应当这么做。

如果你已经确定了目标顾客，可以继续对这个目标顾客群加以划分。比如在分析老主顾时，你大约可以区别出甲乙丙三类顾客来，甲类顾客能带来最高的销售额，而在他们身上投入的费用最少，你要考虑：为什么你的顾客不全是甲类顾客呢？你的丙类顾客是否还从你的竞争对手那里得到供货？如果你的乙类顾客听从你的建议，有可能使销量更大吗？你是否也知道你的产品在你的顾客需要的所有商品中占有什么样的地位？在每一位顾客那里是否还存在购买潜能呢？

如果你有权自由选择你的目标顾客群，那么很显然，你只会选择甲类顾客。但作为销售员，你必须树立一个目标，把你的顾客尽量地变成甲类顾客。

我们已经了解了目标顾客与潜在顾客以及二者的关系，从中知道，目标顾客的寻找，对于销售来说是十分重要的事。那么，寻找目标顾客的重要性何在呢？

销售员的销售工作总是在一定区域内进行的，而在你的销售区域内，由于竞争的存在、人事的变动等原因，顾客也会变动。因此在你的销售区域内，商业情况不可能一成不变，经常会发生非常复杂的变动，你的销售量也会随着商业情况的变动而变动。如果不寻求新的顾客，那么你的客户就会越来越少，销售工作会进展得非常不顺利。

寻找目标顾客

销售员在选择目标顾客时并未意识到这个问题：你的产品可能引起顾客的兴趣。当然，由于地理位置优越，你也可以很方便地为某一顾客群服务。但是，这样做并不是选择目标顾客，选择目标顾客是一种有意识的行动，只有经过仔细研究整个市场才能确定哪些顾客能使你的销售量达到最大。零碎和片面的做法无法实现这一目标，公司的整个销售工作应集中在作为目标选定的顾客身上。

在确定目标顾客时，提出下列问题是十分有益的：

（1）顾客对产品需求和渴望的程度如何？

（2）利用不同的销售方法对顾客影响的效果如何？

（3）利用什么样的中间管道？

（4）对于销售员来说，顾客是否容易接近？

所选择的目标顾客应当是成功机会最大的顾客，因为目标顾客的数目与公司的总销售量密切相关。选择目标可以使公司将主要精力集中于公司最擅长的地方。当销售员集中精力于一个或几个目标顾客时，有关顾客需求的讯息便易于获得，这些讯息可用于提高销售技巧与增加销售量。

目标顾客的选择与寻找是成功销售的基础。重要的是，销售员不仅要知道如何去做，而且要知道它为什么重要。只有选择与寻求目标顾客才能有效利用时间。

如果对潜在顾客缺乏充分的了解，销售员最终将失败。例如，刚从大学校园毕业的健明，进入保险销售领域第一年就获得了公司的奖励，收入比同事们高好几倍。几年以后，人们发现健明离开了保险业，他们想："健明怎么了？他为什么要放弃保险销售工作呢？他做得不是很好吗？"

健明失败的原因在于他的潜在顾客全部用完。刚开始，他拥有丰富的潜在顾客，包括顾客的家庭成员、亲戚、朋友及同学，这使他旗开得胜；然而，由于不能增加新的潜在顾客，财源逐渐衰竭。当这群人停止购买，健明的销售成绩就成零了。

由于现有的顾客不断减少，因而寻找目标顾客工作对所有的销售工作都很重要。有人做过统计，现有顾客的年营业额逐年减少10%~15%，这取决于考察对象。然而，它说明每年停止购买产品的顾客占很大比例。顾客也许不再用这种牌子的商品，而决定购买另一种。工业客户可能另找其他厂商，购买他们的产品，也可能破产或关闭在某销售员的销售区域内的办事处。

现有顾客的情况是千变万化的，销售员面临这种情况，必须拟订一个寻找新顾客的计划，从而完成自己的销售任务。这样做，也能有效地提高销售效率，节约时间。

销售员寻找目标顾客的方法和手段是丰富多样的。寻找目标顾客的方法由销售员所销售的产品或者他们所提供服务的性质决定。不同的领域有不同的销售方法。例如，如果你的职业是销售电动收割设备，你在都市挨家挨户地销售，也不会销售出去，因为你寻找的顾客根本不需要这种设备，需要这种设备的是农民。销售员一定要注意到自己所销售产品或服务的性质。

从潜在顾客中分析出目标顾客以后，销售员需要将目标顾客的名字列成一个名单，然后将他们按购买你的产品的可能性大小排列起来，不过你要记住，这些目标顾客都是重要的，没有不重要的目标顾客，你只不过要从中分出很重要、比较重要和不太重要的目标顾客罢了。

因为这些目标顾客都很重要，所以销售员对每一个目标顾客都要重视，不能随意地去掉任何一个顾客的名字，否则，你将失去一个可能成交生意的机会。

销售员要抓住一切时机寻求讯息，发现哪些顾客有成为目标顾客的可能。销售员还必须寻找每一个可能提供讯息的人。这些对于销售员的预先接近过程，是非常有利的。销售员在寻找到目标顾客以后，要进一步进行预先接近，针对买主的需求收集有关产品资料，掌握顾客所需产品的规格、性能、型号、使用条件、价格的优惠条件等，并要了解本企业与竞争对手产品的差异，以便向目标顾客说明购买和使用本企业产品可能得到的好处及能够提供的售后服务项目。除此之外销售人员还应了解竞争对手的情况和有关的市场讯息，如竞争对手的产品、价格、成本、销售策略、市场的需求情况，用户对本企业所提供产品的满意程度及进一步要求等，以便制订具体的销售计划。在这个过程中，讯息是很重要的。

为了寻找顾客，销售员本身也必须具备一定的素质，个人能力对于目标顾客的寻求也很重要。销售员应具备灵活的组织能力与应变能力，具备一定的专业知识，特别是关于用户的市场知识；还要掌握市场调查与预测的基本原理和方法，了解市场行情，把握市场变化发展的趋向。

我们无法完全列举目标顾客的来源。目标顾客数目多、种类广，某些消耗殆尽，另一些又接着提供持续的目标顾客。有效的销售员必须确知某一产品所有可能的目标顾客的来源，应该灵活机智，同时多方注意几种不同的来源。

目标顾客的来源一般包括：现有的顾客、公司行号、询问、游说、朋友和熟人、各类组织、观察员、相关产品的销售员、公共讯息、其他目标顾客、集会、会议及现场表演、调查、商业展览与一般展览、扫荡拜访法以及短期渗透法等等。

另外，通过打电话也可以寻找目标顾客。在电话中，如果顾客询问你代表哪一家公司或者你要销售什么产品，你可以详细地告诉他。如果你的公司的名称有助于你寻找顾客，应该主动地报出公司的名称。关于销售产品的问题，就不那么容易回答了，因为电话谈话不宜详细介绍产品，所以，你最好避免直接回答这个问题。但是，你必须做好回答这个问题的准备，最好能用简短的回答引起顾客的兴趣和好奇心，促使他想进一步了解你的产品。

通过电话寻找顾客时，最好让他知道你将讨论和分析他的生产或管理问题，让他知道你可能有解决办法，你可能有办法帮助他赚钱或节省开支。

吸引购买者的注意力

激起购买者的兴趣，吸引他的注意力，是一个很现实的问题，但实际上，在众多的销售人员中能够做得完美无缺的人是很少的。一般的销售员，由于缺乏开创精神和丰富的想象力，有时甚至根本没有认真地考虑这个问题，他们往往没有尽力去做这方面的工作。这种思想上的不重视，往往使他们天真幼稚地认为："我和他的关系是平等的。至于他买不买我的产品，只能由产品的性能、质量等客观因素决定。对方若不满意我的产品，任凭我巧舌如簧，也无济于事，是枉费心机。"还有一些销售员虽然也试着朝这个方向努力了，但却做得不够，往往半途而废、无功而返。

关心销售业绩的销售员当然不希望自己失败。为了在这方面做得更好，必须要从思想上加以重视，进而树立起正确的观念和端正的态度。我们都知道，销售员要销售的产品是第一位的，它的各方面的功能和品质对购买者的购买与否起着决定作用。但即使产品无可挑剔并且其价格也颇为合理，销售额也不一定相对地增长。像这样的情况是很多的。那么，这是什么原因造成的呢？分析一下，不难发现，主要原因在于购买者根本不了解你的产品。这样看来，诱发购买者的积极性，让他把全部的心思都倾注在你的产品上是十分必要的，这一点不容置疑。

当然，这里所说的激发顾客兴趣，吸引他的注意力要特别注意方式方法，所做的一切都必须有助于销售工作的进展。这就要求销售员应当因地、因时、因人而采取不同的销售说明方法，这样才能保证销售效果的理想。

究竟如何吸引其注意力呢？下面我们具体地一一说明。

1. 恭维顾客

那么究竟怎样恭维顾客，才能让他的情绪好起来，注意力集中起来呢？每个人只要留心观察一下就都会恍然大悟。你有没有到朋友家做过客呢？到朋友家之后，当你看到客厅墙上一幅色彩明丽的山水画时，你往往情不自禁地赞许道："这幅画真不错，给这客厅平添了几分神韵，谁买的？真是好眼光！"

这句话也许只是你不经意地随便说出的，但你的朋友会感到很欣慰，心中的滋味一定很不错。对朋友家的其余一些东西都可以适当地赞叹一二，包括对朋友的子女。人们常说，孩子都是自家的好，这句俗语就反映出人们乐于听到恭维话的心态。作为家长，往往都喜欢听到夸奖孩子的话，例如"这孩子真聪明！""哟！小小年纪还真懂事！"等等。夸奖孩子时家长会流露出由衷的愉悦，这一点你一定经常见到。

这些都是轻而易举的，你会以为没有什么新意。的确，平庸的销售人员一般都停留在这个层次，然而，想象力丰富和具有创造精神的销售员都不会仅限于这些最最寻常的言谈，他们可能会对购买者的接待人员也表示赞赏，对他们周到热情的接待表示感谢。这样一来，你的购买者会因为看到自己的属下训练有素、善尽职责而感到高兴，同时，在场的接待人员也会从心底对你的理解表示感激，他们会马上变得特别友好，好像和你是多年的老友了。

最后需要说明的仍然是诚恳的态度。只有态度诚恳，购买者才对你的恭维感兴趣，你才能收到理想的效果。如果你的恭维毫无诚恳之意，让购买者感到虚伪，那么这样的恭维还是不要为好。

2. 表示好奇

看起来很好奇的举止或是言谈，都可以有效地吸引购买者的注意力，激发他的兴趣。

好奇是人类的一种本性意向，这种情况在孩提时尤为明显，但随着年龄的增长，这种本性并没有随之泯灭。你在销售过程有没有充分利用它呢？抓住人类好奇的这一特点，就会事半功倍。

综观整个销售过程，所有的销售步骤都是极其重要的，都具有其特别的作用，但是，购买者对你这个陌生人的最初几句话是否感到好奇将会强烈影响这以后的销售步骤。会谈之初绝不能让购买者产生索然无味的感觉。为了避免这种现象，聪明的销售员都会在诱发购买者的好奇心上动脑筋、下功夫。

3. 询问购买者

认真地想一下生活中朋友间谈天的情形，这种谈话是如何很热烈地持续下去的呢？这种活泼的谈话气氛中往往会穿插着许多发问，向对方提出问题，然后回答，然后再互相提出新的问题。认真观察生活的朋友都会发现，正是不断地提出新的问题，才使得谈话愉快地进行下去。

平时和朋友谈天说地是这样，在接待室和你的购买者洽谈也是一回事。如果接待室中没有不断提出的问题，那么你们之间的谈话就无法进行。这就引出了我们这里要讨论的问题，即运用询问法来保持你的购买者的兴趣和注意力。

4. 提供免费的服务

无论是从理论上还是从经验中看，提供免费的服务的确是最有效的吸引顾客注意力的方法之一。当你满心热情地向你的购买者提供一些免费的服务时，对方会感到十分亲切，觉得你对他很真诚，这样一来，对方出于回报自然也会对你表示尊重，你自然也就得到了他的注意。

5. 提供有益的构想

新的构想来源于人们对现状的不满足。人们为了使一切变得更完美，每天都在寻求着新的构想。例如，商店的经理每天都在想使明天的营业额超过今天的办法，生产商则为了使利润增加伤了不少脑筋。

熟悉这些行为心理，你在销售产品时，不妨也费点儿脑筋，帮着你的购买者想一些新的有益构想，一旦他对你的构想表示了赞同，你的产品也就不会被拒绝了。因此，销售员在销售过程中便又有了一种新的吸引其注意力的方法，那就是诚恳地提出一些有益的构想。

6. 示范法

我们平时写文章都讲究摆事实，讲道理，其中有力的事实比抽象的理论更能说服人。销售产品时向客户做临场示范和写文章中的摆事实是同出一炉，有异曲同工之妙。当场表演比任何华丽的口头宣传、说教更有说服力。即使你的购买者十分挑剔，在精彩的示范面前也会心悦诚服，无话可说，在事实面前他只能赞叹你的产品性能优良、品质可靠。

在销售过程中，一般来说销售员都要做一些示范，但这些示范往往落于俗套，让购买者感到索然无味。这就像别人喋喋不休地给你讲一个俗不可耐的笑话，即使对方的声音再动听，你也不会发笑的。想一下这时你心中的感觉，就会体验到购买者那种反感的心情。

总之，只要你精心去示范，购买者就一定会接受这种活泼生动的销售方法，他会被这种销售方法的魅力深深地吸引住，这样一来，你的销售工作能不顺利吗？

以上所讨论的，是销售员在会谈时吸引购买者注意力，激发起对方兴趣的一些最常用的方法。要知道，因循守旧、销售工作没有创意正是想象力贫乏的表现，不断地推陈出新才是想象力丰富的结果。

第五章
要有长远的眼光

　　打篮球时，教练教球员要做到视线不离球，很多销售员也将这一招儿运用到了工作上，他们满脑子想的是即将到手的订单，反而荒废了新客户的开发。

　　满腔兴奋无可厚非，但是如果你花好几个钟头，甚至好几天，梦想自己将要如何好好享受这笔生意的佣金，就有点儿离谱儿了。这些白日梦只会消减你的精力和金钱，因为它们在不知不觉中吞没了你应该投注于开发新客户的时间，让你洋洋自得，而那正是杰出销售员所无法负担的一项奢侈品。

积极而不心急

　　销售这一行业是由晦暗到明朗的过程，由微小到壮大，是渐进式的。

　　成功的销售商，也往往经历遭人怀疑、排斥、敌视、诬蔑直到被人信任、期待、欢迎、尊敬、跟随及逐步发展的过程。

成功不是一朝一夕造成，需要一心一意去追求。

在多数人裹足不前的场合里，成功的销售商必然是比别人乐观多一点儿，比别人自信多一点儿，所以能勇往直前，直到成功。

但是，加入任何一个公司之前，不可以身份不明、认识不清。否则，如果学艺不精、准备不足就匆匆上阵，逮到人即试试零售的锋芒，不但说服不了对方，还会因失败而打击自己的信心。所以，想成功的话，要积极，但不能太心急。

我国古书《事林广记》内，有一则故事：秦朝有一个读书人，酷好收集古董，一心想要成为一个大收藏家，只要他看中的实物，不管价钱高低，一律设法买进。

一天，有人拿来一件古董说："这是孔子当年在洙泗讲学时所坐的竹席。"于是，他拿出良田百亩跟对方交易。

不久，又有人拿一根朽木拐杖来，说："这是周太王避难时所拄的拐杖，比孔子的座席更古老，价钱也更高。"他又把家中所有的财产全都拿出来跟对方交易。

最后，又有一人拿来一个木碗，说："这是夏桀吃饭时用的碗，比周太王拐杖价值更高，不买太可惜了。"他回到家中，什么都没有了，于是干脆把房子拿来跟对方交易。

后来，他才发现前面买来的收藏的东西，全部无法脱手，而他也已居无定所了。

于是，这位"大收藏家"只好披着孔子的座席，挂着周太王的拐杖，手持夏桀的木碗，到处向人行乞。

这段讽刺性的故事，其主人翁十足是个心急的人，毫不考虑投资风险，只求尽快达成目标，忽略了一个可以深思的空间。

做一名销售商，在对产品的专业知识了解不多之前，最忌在取得销售商资格之后，立刻展开零售或者推荐的动作。一来，你可能对产品的感受不够深刻，很难把它的好处详细地说出来，再则，你可能对产品的功能不求甚解，对方随意发出一些疑问，就把你考倒了。

有句名言是这样子说的："推荐产品之前，先得推荐自己。"

当我们找到可以推荐的对象时，先要让他接受我们自己，才谈得上让他接受我们的产品。

如果我们从事的销售业目标不明确，对产品的功能一知半解，根本不具备专业化的形象，谁会听"大概、可能、也许是"的推荐？

所以，积极固可以彰显斗志，心急却是兵家大忌。

在进行零售或推荐的过程中，当你的潜在顾客尚有排斥时，不可急于要他回答"买或者不买"；当他的内心仍有荆棘，也不宜频频问他"加不加入"，因为"心急喝不了热粥"。

通常在你给顾客太大压力时，顾客都会以"产品太贵"或"自己没空儿"等理由加以推辞。

如果这时你能不生气，就能表现你的风度；你能静下来观察，就能发现对方的"行为语言"其实不是那么回事。

对方这时很可能当月支出已超过预算，不便说明，或已有人找过他经营销售，不便明说，才暂时无法认同。

只要能明察秋毫，即可在刚发薪水那几天再向对方个别推荐；或者等到彼此心情都能够轻松之后，再作分享。

"己所不欲，勿施于人。"如果不先求自己对产品的感动或认同，就急着与人分享，表情必然虚伪，极易被洞穿。

换句话说：如果不真为分享，而纯为赚钱，等于采取了古代兵家奇谋方略"三十六计"中的一计"瞒天过海",那么顾客保准也会以最后一计"走为上策"回应的。

心急吃不了热豆腐

不管你销售什么产品,也无论你向哪种对象销售,销售过程基本上可以划分为以下步骤:

1. 筛选阶段

筛选阶段也叫作客户开发阶段。在此阶段,销售员要和一位素昧平生的人接洽(通常是以电话联络),然后判断他是否会使用自己公司的产品或服务。在这个阶段,他可以敲定一次销售拜访的时间,或下一次打电话接洽的时间。

2. 销售拜访

掌握客户过去、现在及未来使用公司产品或服务的情形,了解他们最近所面对的问题,发掘有关客户的重要资讯。

3. 产品解说

说明自己的产品或服务如何能解决客户在前一阶段所提出的问题。此时可以向他介绍其他客户使用本公司产品的成功经验。

4. 销售促成

销售员可能在一通电话中就经历这四个销售阶段，也有可能要花好几个月、好几年的时间，才能从客户开发阶段进入到最后的销售促成阶段。这完全决定于他所提供的产品或服务、所处的产业、所面对的客户等因素。

在销售循环的任何一个时间点，你的目标就是从现阶段跨入下一个阶段。换句话说，在筛选阶段时，你的目标就是向销售拜访阶段迈进；如果处于销售拜访阶段，你就会想尽办法跨入产品解说阶段。

但是，许多销售员将他们的工作视为一个巨大的销售促成阶段，却未能了解其循环特性，以致鲁莽行事，最后只得丢掉了生意。

假设你有一座小花园，某个早上，你走进花园，播种了一些番茄种子。如果你很内行的话，一定会了解要等上一个夏天，当初播种的种子才能成功地结出果实。如果播种后几个星期，一看到树上冒出一些小绿番茄，就急着把它们摘下来做沙拉，相信这一定不是一盘可口的沙拉，甚至难以下咽。

相反，如果你耐心等待，让它慢慢成熟，它就会变成多汁、爽口的番茄，让你有机会好好享受它的美味。如果没有耐心，辛苦的播种将徒劳无功。

销售也是一样的道理，有些事情就是急不得，必须耐心等待，否则，你所从事的就不是销售工作，而是接受拒绝的工作。你将是集客户拒绝之大成者，你应该不至于异想天开，在第一次拜访客户时，握手寒暄后，就询问他们希望何时能收到货。这种做法无疑从销售拜访阶段直接跳到了销售促成阶段，必将为你带来不幸的结果。当然，大多数销售员的鲁莽行事并没有如此离谱。也许你已经稍微谈了一下自己，介绍过公司的产品，倾听了客户的观点，而且也接收到客户对公司产品感兴趣的肯定讯息。

此时是否该进入产品解说阶段？也许要，也许不要。最好的判断方法是直截了当地询问潜在客户："××先生，您认为我还需要了解贵公司其他哪些资料呢？"根据客户的答案，可以判断他们对产品解说的兴趣有多高。当客户的兴趣程度难测时，不妨试着这样说："今天我对贵公司有了相当多的认识。希望下个星期能再约个时间，到时候，我会交给您一份完整的企划书。"

用耐心感动顾客

机会是一种稍纵即逝的东西，而且机会的产生也并非易事，因此不可能每个人什么时候都有机会可抓。而机会还没有来临时，最好的办法就是等待，等待，再等待。在等待中为机会的到来做好准备。一旦机会在你面前出现，千万别犹豫，抓住它，你就是成功者。

耐心等待是一个很不错的办法，但耐心等待绝不是什么也不做。在美国，许多企业家都深深地懂得它的重要性，他们都极富耐心。他们知道，等待会使他们取得意想不到的成功。

洛克菲勒就是这样一个有耐心的成功者，他以他特有的习性，等待着机会的出现，而一旦机会出现，他就会毫不犹豫地，迅速抓住它，从而获得意想不到的成功。

在日本，一个有耐心的人会散发出成功的芳香，而一个没有耐心的人则只能充满失败的臭气。

日本人将不耐烦看作是一个很严重的缺点。他们不能相信缺乏耐心、不乐意注意长远效果的业务伙伴。但是大多数外国商人同日本商人初次打交道时，最容易犯的毛病就是缺乏耐心。

一次，一个美国贸易代表团在和日本商界人士洽谈时，由于对日本人转"呼啦圈"的游戏实在不感兴趣，所以要求日本商人赶快展开对实质性问题的探讨，结果日本商人的态度却是"沉默的微笑"。因为按照日本人的看法，必要的礼节是严防出现那种被人认为是粗鲁、侮辱或挫伤感情的行为的屏障，更何况公开显示出不满和急躁不仅是粗鲁无礼，而且是软弱无能的表现。所以，上述美国人的举动所造成的损失是难以弥补的。很有可能他们永远也无法同这些日本的商界同行建立任何积极的有意义的联系了。

日本人一般都十分喜欢打高尔夫球。他们懂得，打高尔夫球最基本的要求是弯腰低头，闭上嘴巴，两眼盯住球，然后抓住必要的时机挥杆击球。实际上，这也是他们与人交往时最常用的一种方式。因此，作为一名聪明的外国人，在这样的情形下应该尽量"主动出击"，让日本人先说，自己耐心地听，决不打断他。如果能够成为一名不厌其烦地听众，并辅以"是""对""当然"等言语，那么日本人会很自然地敬重他的礼貌、自制、谦恭的谈话艺术，并且一定会主动地征求他的意见。如此下来，外国人可能会发现，最终取得的结果往往会令人满意。

日本人做决定的过程迂回而反复，曲折而漫长。如果你想和日本商人花两天时间签订一份合同，那么你必须或者应该在五天之前将草案寄到他们手中，日本商人将会感激你这样做，并认为你是有耐心的人，从而对你表示尊敬。因为，耐心是一种优秀品质，耐心使人成功。

上面的事例给了我们服务人员很好的启示。每一位客户，当他们真正产生了购买的动机，都会仔细地去研究该项东西的好处，因为这将是自己的东西。如果客户因为过分的细心而令你不耐烦，应该努力地去控制自己的情绪，因为他们已表现了购物的兴趣。你更应详细地和客户研究货物的特点、好处、效能、价钱和成本，务必令对方明白所买的东西是合理的，是物有所值的。因为你的耐心，客户必会被你所感动。

敢于承担责任

自己负起责任，是一项成效显著的销售工具。你也许像许多人一样，在第一次听到这项技巧时，为没有及早将它列为自己的销售常规而感到奇怪。

首先，你必须深信自己可以针对客户的问题提供可行的最佳解决方法。如果你没有这种信心，以下叙述的这项技巧将无从发挥作用。如果客户（或其他人）要求你介绍自己的公司，必须能够诚心诚意地回答："我就服务于一家数一数二的公司，而且以自己的公司为荣。"

在销售促成阶段，只要问客户什么时候送货或开始提供服务的适当时机就可以了。这时候，会有两种情形发生。不是潜在客户详细地回答你的问题，成为你的客户，就是潜在客户退缩，给你否定的答案。假设你面对的是后者，就要负起个人的责任。

此时，运用这一技巧的销售员会流露出大吃一惊的表情，这可不是演戏，他们对自己公司和产品信心十足，而且到了这个销售循环阶段，对客户已有了十足的了解，很自然地会担心：客户对自己的建议会有任何的负面反应，于是，以肯定的口气来叙述他们的忧虑。

你也可以如法炮制一番。你不妨说："约翰先生，我实在不知道该如何说，我们无疑有最完善的服务、最合理的价钱，在同业间拥有最佳的口碑，又能对贵公司的需求做最合宜的产品调整，实在想不出有什么理由让贵公司不愿意签合约。这一定是因为我在产品示范过程中犯了一些严重错误。想请您帮我一个忙，告诉我，我到底犯了哪些错误。因为老实说，我认为我们的服务正是贵公司不可或缺的，实在不愿意因为自己犯了某些错误，而让贵公司错失了最合适的服务。"

猜猜看，你会得到什么样的答案？我们可以肯定的一点是，此时，客户一定很难再摆出断然拒绝的姿态："这的确不是我们所需求的产品。"如果你是客户，一定会对鼓起勇气向你提出这番说辞的销售员产生一股敬意：他对你所需求的服务是那么的信心十足，你一定会乐于向他提供情报——你们公司不签约的真正原因。

当你对客户所发出的第一个拒绝信号负起责任时，一般会得到如下的反应："不，不，这和你一点儿关系都没有，这是我们这边的问题。"然后，他会进一步和你详谈仍然存在的一些障碍。如此，你就可以轻而易举地取得跨入另一个销售阶段所需要的完整资讯。

总之，这是项效果显著的技巧，但是务必要对自己的产品或服务有十足的信心，有十足的把握可以履行承诺。另外一个重点是，必须摆脱一般人多少都有的追求完善的心态。

承诺的力量

　　一个遵守诺言的人说的话，你可以毫无疑问地信任他。商品本身并没长脚，因此要靠长着脚的销售员把它介绍到市场（家庭）中去，也可以说商品和销售员应该成为一个统一的整体。使用者在没有感觉出商品具有魅力之前，若再感受不出销售员的能力的话，就会对商品无动于衷，不会投以审视的目光。

　　如何让对方不说"不"？

　　在我们的销售中，要如何才能达到更好的效果呢？

　　就是在不大容易使对方同意的情况下，若要坚持以理论的方法去说服对方是常常行不通的，即使你不得不暂时以理论性的讨论为主，也不能把心理方面的试探放在后援的位置。

　　在这种情况下，你可以试着去同意对方的观点，这是制胜的第一步，心理学上称这种方法叫认同。对对方的主张、言语、态度、感情或信念，不管它是多么不合理，都要把它全部接纳，不要明确表示反对。

　　如此一来，对方就会有受到尊敬之感而感到放心，这样就产生了良好的销售关系，对方也容易产生一种接受我们主张的心理状态。在销售术中有所谓"应酬话法"，也就是在倾听客人的谈话时，首先以"你说得不错""原来如此"，或者"确实是"等语言表示你完全同意他们的看法。

不管你用何种方法表示你的认同，当走完这一步后，你们的任务就是用具体的说明来扭转对方的看法，使他最终同意你的意见。

有一个年轻人叫杰克，他在邻近的汽车经销商服务部门工作。他很喜欢随便夸口，每当有顾客送汽车来修理时，他总是随口说："拉维斯太太！你的车四点钟可以开回去。"或"马森先生！假如它还没修好或我们碰到问题的话，我会打电话给你。"

很简单的承诺，然而这位年轻人有时却无法遵守，车子没有在他答应的时间修好，或是该打的电话忘了打。不久有关他的评价降到了最低点，顾客对他和他工作的部门很快就失去了信心。他没有推销出他自己，而连带他的工作部门也遭了殃。

我们常常不经大脑而许下承诺，而且讲得太顺口了，就像它们是从嘴里全自动地溜出来似的。

想想看，拿一张纸把你这星期以来所做的承诺一一写下，看看哪些事你没有去做？以及哪些事你压根儿就无意去做？假如只有少数的话，就给自己加个星号，但是，如果你也像大部分人一样，恐怕就不太好意思啦！把那张纸钉在一个你可以天天看到的地方，让它提醒你去做该做的事。

无论对你的上司、朋友、老师、学生、父母、小孩儿、邻居，你不是想要销售自己吗？那么就记得要遵守诺言，这样做你会发现，你的自我销售要简单多了。

为什么？因为"我承诺"是世界上三个最有力量的字。每一次承诺就是一个契约。

用个比较强烈的比喻说，你的话就是你的枷锁。而你的一个承诺就是一张契约。所有的契约都是义务。签了合法契约的人常常能够买回他们的契约，但那不是件容易的事。同样的，收回承诺也不是件容易的事。这就是为什么说"三思而后行"这么重要。

为什么一些人会那么轻易地对别人做出承诺，同时也接受别人对他们的承诺？也许这是他们从小学来的，他们的父母、老师、哥哥、姐姐，可能树立了很好的榜样。假如父母、老师是遵守诺言的人，孩子也很可能是遵守诺言的人。

当一个诺言被遵守的时候，是多么令人开心。

承诺的力量是帮助你成功地销售自己的一股很强大的推动力。生意上的成功、婚姻上的成功、跟别人更意气相投的关系、生活中更纯粹的乐趣，都能够通过你遵守承诺的行为而投向你身边。

遵守一个诺言，可以使别人对你建立起信心。破坏你的诺言，不仅动摇了那个信心，同时还可能伤了一个人的心。遵守诺言是一件光彩的事！

所以，永远不要对你的客户做出你无法兑现的承诺。不要为了让你的客户一时做出购买的决定，而对他们做出你根本无法达到的承诺。因为这种做法最后只会让你丧失你的客户，让客户对你失去信心，那是绝对得不偿失的。

耕耘与收获永远成正比

做白日梦已不足取，更糟的是，有些销售员对成交希望不大的业务还抱有太大的幻想。这时候，他们不只是在做白日梦，也是在进行自我欺骗。这是个普遍存在的问题。

我们不难了解其中的原因何在，因为支撑销售员努力不懈的，就是成交的希望。当你到处碰壁、灰头土脸时，仅来轻咬一口鱼饵的客户，一定会被你想象为一条即将到手的大鱼。只要更深一层地探讨销售循环，我们就可以获得一些受用无穷的重要观念。

在销售实战中的一些观念，可以扭转某些销售员的职业生涯。当然对有些销售员来说，他们可能只得经过好几年的徒劳无功，才能领略到这些观念的含意。

其中一个最有用的观念是：耕耘与收获成正比。

客户说"不"时，生意才能成交。

这太离谱儿了！当客户告诉你，对你的产品毫无兴趣时，怎么可能拿到他的订单？

道理很简单。让我们假设，每天打20个接洽电话。在这20位采购决策者当中，没有任何一位希望接受销售拜访吧？你总不会天真地期望，打20个电话就可以安排好20次销售拜访。你应该很实际才是。

你可能会期待敲定五次销售拜访，更进一步期待这五次拜访至少可以拿到一笔订单。此一比例因行业、销售员而异，这只是一个例子。

让我们假设，做成这笔业务，可拿到5000元的佣金。大多数销售员都会把做成这笔生意前的每个动作——打电话、销售拜访等，视为烦人的日常工作，避之唯恐不及。他们将订单成交之前的所有步骤视为技术性的工作，而将全部心力放在那个能为他带来5000元佣金收入的销售拜访上。

但实际情形并非如此。事实上，必须打20个联系电话，才能安排五次销售拜访，最后才取得一笔订单。以此类推，如果将接洽电话减掉一半儿，变成每天10个，如此业绩也将减为一半儿，不是吗？

简而言之，你所打的每个联系电话，所做的每次销售拜访，都是销售循环的一部分，其中也包括客户的拒绝。

你也应该从这个角度来看自己的业绩，就算遭到对方的残酷打击："谢谢你，我们一向采用××公司的产品，因为我姐夫在那家公司工作，他们一直免费供应我们这类产品，所以请你不要再打电话来了。"每次联系电话还是可能会为你赢得5000元的。

保持这种新观念，你可以领会到，就长期、整体的销售循环来看，眼前一笔大订单固然让人信心大振，而从长期的全面循环来看，它的效用似乎就大减了，因为下个月、下下个月，你都会期待新的大订单。你也会领悟到，如果大订单未能成交，的确令人沮丧，但只要在销售循环的两端——打20个接洽电话和大笔订单的销售促成——同时投注心力，它还是不会构成问题的，因为还有另外一笔大订单等着你去做销售促成。

第六章
树立良好的心态

从前，有一群青蛙组织了一场攀爬比赛，比赛的终点是一个非常高的铁塔的塔顶。最后，其他所有的青蛙都退出了比赛，只有一只青蛙最终成为到达塔顶的胜利者。有一只青蛙跑上前去问胜利者："你哪来那么大的力气爬完全程？"然而它赫然发现，这位胜利者是个聋人！

这个故事告诉我们每一位销售员：永远不要听信那些习惯于消极悲观看问题的人！

我相信，我一定行

我们看看销售员卡西的故事。

卡西遭遇过一次失败。当他逐渐走向事业成功的时候，突然，他的事业在一夕之间垮了。他过分扩张，信赖虚伪的诺言，导致负债达6万美元之多。法院传来一份法官的令状，准备没收他的家产，银行要拿走他的车子。更糟的是，他的家里连一点儿吃的都没有，他已没钱供养家人。

到了晚上，他把车停在离家几个街区以外的地方，这样从银行来的人就找不到他了。他从屋后的一个窗口偷偷进出，以避免债主在前门出现。

卡西还跟孩子玩一种游戏，因为他实在怕得要命，害怕法院工作人员想出一个进入他家的法子，然后把令状交给他。他告诉小乔和格雷丝，他们和隔壁、对面的邻居正在玩比赛，一个不开门的游戏——谁先打开门谁就输了。当然，这些战术并没有成功，他很快失去了家、车子，还有他的自尊。

白天来临时，妻子告诉卡西，家里一点儿食物也没有了。忽然，他觉得填饱肚子成了他全部的心愿。他只得跪下去祈求上天还他信心。

每当卡西极度沮丧时，他的妻子朱丽娅就搂住他说："亲爱的，我们结婚时空无一物，不久就拥有了一切。现在我们又一无所有，那时我对你有信心，现在还是一样，我深信你会再成功的。"在那一刹那，他了解了一个重要的真理："建立自信的最佳途径之一，就是接受别人的信任。"

他重新开始建立信心。他拜访了底特律一家大的汽车经销商，要求一份销售工作。

销售经理哈雷先生起初很不乐意，"你曾经销售过汽车吗？"他问道。

"没有。"

"为什么你觉得自己能够胜任？"

"我销售过其他东西——报纸、鞋油、房屋、食品，但人们真正买的是——我，也就是销售员自己，哈雷先生。"

卡西已经重建足够的信心，他并不在意自己已经35岁，也不在乎人们所认为的销售员是年轻人干的这个观念。哈雷笑笑说："现在正是严冬，是销售淡季，假如我雇用你，就会受到其他销售员的责难，再说也没有足够的暖气房间给你用。"

由于朱丽娅给他的信心让他变得更加坚强，他说："哈雷先生，假如你不雇用我，你将犯下一生最大的错误。我不要暖气房间，只要一张桌子和一部电话，两个月内将打败你最佳销售员的记录，就这么约定。"

哈雷先生终于在楼上的角落给卡西安排了一张满是灰尘的桌子和一部电话。就这样，他开始了自己新的事业。就在那时他悟出了另一个伟大的真理："信心产生更大的信心。"

那是卡西爬回高峰的开始，从一张灰尘厚积的桌子和一本电话簿，销售再销售，哈雷先生无法相信，在两个月内，卡西真的实现了自己许下的诺言，他打败了公司所有销售员的业绩。他偿还了6万美元的负债，同时也买回了自尊！一年内，卡西的汽车销售业绩从0辆到1425辆，他终于从失败的阴影中走出来，成为世界上最伟大的汽车销售员。

小时候卡西的父亲总是给他灌输一种消极的思想："你永远不会有出息，你只能是个失败者，你一点儿也不优秀。"父亲给他灌输的这种思想令卡西害怕。而母亲却相反，她给卡西灌输的是一种积极的思想："对自己有信心，你绝对会成功的，只要你想成为什么，你就能做到。"她总是教给他一些充满信心的原则。

从父母那里，卡西总是时时受到两种相反的力量，这两种力量一方面令他害怕，另一方面也让他产生信心。事实上，我们每个人的身上都会存在这种两面的力量——信心和害怕，只是程度不同罢了。

信念既然是成功的基石，那么，怎样才能树立起人生的信念呢？在希腊帕尔纳索斯山南坡上，有一个驰名世界的古希腊戴尔波伊神托所，据文献记载，在它的入口处，人们可以看到刻在石头上的字，用今天的话说，是"认识你自己"。这正是信念赖以建立的前提。认识自己，谈何容易。现在，有许多青年想跻身于文学之路，可是，其中的相当一部分人连最起码的文学素养与生活积累都不具备，怎么能登上文学之山呢？要知道，一个人在不适于自己走的路上屡屡摔跤以后，自信心就会渐渐磨灭。当然，承认一条路不是自己应该选择的，这是痛苦的，需要有点儿勇气，但倘若一生都不敢正视它，跟跟跄跄走在完全不适合自己的路上，那不更痛苦吗！正确地认识自己，根据自身的条件和实际的可能及时转向，使自己的长处得以发挥，就会感到自己并不比别人笨，你有不及别人的地方，而别人也有不及你的地方，胜利的信念便会由此产生，并不断得到加强。

正确地选择事业上的突破口，并对此充满必胜的信念，并不意味着成功便唾手可得了。朋友，努力做到下面的几点，你会成功的！

相信你自己，使你的信心发挥最大的功效。假如你的信心机器保持洁净，它便会一直有效率地工作下去。

主宰你自己。汽车大王亨利·福特曾说过："所有对自己有信心的人，他们的勇气来自面对自己的恐惧，而非逃避。"你也必须学会这样，坦诚面对你的自我挑战，主宰你自己。

你要受人欢迎，那你必须具有绝对的信心。要记住：我们对自己都没有信心，世界上就没有人会对我们有信心了。

生命的乐章要奏出强音，必须依靠信念；青春的火焰要燃得旺盛，必须仰仗信念。

信念并不深奥，说穿了可能比一切都更浅显，更明了；信念其实就是相信自己，相信成功，相信自己所确立的目标，相信自己为达到这一目标所具备的能力。

追求进步，全力以赴

当你学会每天反省自己的失误之处时，你会发现自己是个极具魅力的人。你能为自己规划一条很适合自己走的人生路线。你会觉得自己在人群之中如鱼得水，你的说话很有分量，很有说服力，你甚至可以公开演讲并得到大家的一致好评；你会懂得如何更真诚更有礼貌地握手，表达出自己的温柔和热情。因为，你心中明白，这样才是你的正确的人生路线！

这里有一个很真实的故事：

一天下午，美国意外保险公司主管阿诺里·莫赫德走过华尔街时，遇到一位朋友普因。一阵寒暄之后，普因向他说道："阿诺里，你知道我在什么地方可以找到一份工作？"

阿诺里·莫赫德犹豫了一下，微笑着说："是的，普因，请你明天早晨八点半到我办公室来找我。"

第二天早晨，普因如约来看阿诺里。阿诺里告知他，要赚取高收入并为大众服务，最简单的方法就是去销售意外和健康保险。

"可是，"普因说，"我会怕得要死的，我不知道向谁去销售，我一生从来没有销售过一样东西。"

"你用不着担心，"阿诺里回答说，"我会告诉你怎样做。我每天早晨给你五个名单，如果你答应照着我的话去做，我敢保证你不会失败。"

"答应什么？"

"你要答应在我给你名单的当天去拜访这五个人。如果需要的话，你可以提到我的名字，但不要告诉他们是我派你去的。"

普因急需找个工作，因此不用朋友多费唇舌，他就决定去试一试。于是，普因就拿了些销售说明书和产品说明书回家研读。几天之后，他每一天早上都去找莫赫德先生，拿上五个人的名单，开始从事一份新的职业。

"昨天真是令人兴奋的一天！"第二天早上，他回到阿诺里的办公室，带着满怀的热忱兴奋地说，因为他已经销售成交两份保单。

第二天，他运气更好，因为他在五个人当中销售了三份保险。第三天早晨，他带着五个人的名单冲出莫赫德先生的办公室，充满活力。这真是一个好的开端——他拜访了五个人，就卖出了四份保单。

当这位新加入的、充满热忱的销售员在第四天早上到办公室报到的时候，莫赫德正参加一项重要会议。普因在接待室里等了大约15分钟，莫赫德先生才从他的私人办公室走出来。他告诉普因："普因，我正在开一个极为重要的会议，可能要花一个上午。你用不着耽误时间，就在分类电话簿上找五个名字好了，过去的三天我也是这么做的。来，我来告诉你我是怎么选五个人的名字的。"

阿诺里随意打开了一本分类电话簿，指着上面一份广告，找到那家公司总裁的名字，把名字和地址写了下来。然后他说："现在你试试看。"

普因照着他的方法做了。在他写下第一个人的名字和地址之后，阿诺里又继续说："记住，销售成功的关键在于销售员的精神态度。你的事业是否能够成功，就要看你在拜访你所选择的对象时，是不是也能培养出以前你去拜访我所指定的对象时同样的精神态度。"

普因的事业就这样开始了，而且后来大获成功。因为他认识到了一个道理——一切在于自己的想法。事实上，他还改进了这个办法。为了确定对方一定会在，他还事先打电话约定时间。当然，他还必须找出和对方约定拜访时间的方法诀窍。根据经验，他总是能找到这方面的诀窍。

你不必等到失去了工作才来检讨自己。凡是自我检讨的人通常也就是自求进步的人。俄亥俄州国家人寿保险公司的乔治·席勒就是这样一个人。

他制作了一种社交时间记录卡，这种卡片帮助他获得了成功，实现了许多极有价值的目标。任何人都可以应用他的这些原则，只要你肯花时间自己拟订并遵循这份时间记录卡。

如果你愿意设计出你自己的时间记录卡，而且每天使用，那么你也会像乔治·席勒一样，成为一名自求进步的人。

你也会像他一样，应用一些方法以求得内心的平安和快乐，摆脱债务，节省金钱，革除坏习惯，养成好习惯。如果你每天使用时间记录卡，就会激励自己去追求更大的成就。这点我可以为你担保。

通往罗马的路不止一条，但每一条路都会有不同的走法，你必须找出你正在行走的这条道路的正确路线，这样你才能成功地到达罗马。

有很多时候，我们所寻找的方法诀窍是来之不易的。也许我们历尽千辛万苦，极力找寻，却发现成功好像仍然遥不可及。我们是就此止步，还是用积极的人生观激励自己再度进取？

如果你不相信自己能够做成一件从未有人做过的事，那么你就永远不会做成它。一旦你觉悟到外力之不足，而把一切都依赖于自己内在的能力时，那就离成功不远了。不要怀疑你自己的见解，要相信你自己，施展你的个性。

不怕失败，越挫越勇

"失败是成功之母"，不怕失败并不是对失败无所谓。对失败持无所谓态度的人，对成功也会不在乎，销售成绩必然不佳。有时不怕失败也会成为销售成功的动力。

人生是不可能一帆风顺的，经历一些困难也是必要的。不过，幸好我们都还年轻，摔倒了没事，起来继续前行，胜利就在前方，有这样的斗志还害怕不能成功吗？

不同的顾客有不同的、形形色色的拒绝借口。有许多顾客非常善于拒绝销售员，拒绝借口常常让许多新销售员摸不着头脑，找不着销售产品给顾客的窍门儿。其实，合格而优秀的新销售员之所以成功，是因为他们在销售过程中尽最大努力了解顾客的购买动机和购买意向。没有成功气质的人是懦夫，因为他不知道他能赢；他不知道他的力量，因为他从来没想到过它会给他带来胜利，因而也就从来没有充分检验过它。记住，承认失败的人只是一时失败，不要认为自己是一个弱者。

"跌倒了再站起来，在失败中求胜利。"这是历代伟人的成功秘诀。跌倒不算失败，跌倒了站不起来，才是失败。

唯有经受了苦难这所学校的教育，才能获得实际有用的人生经验。格言警句和学校的教导极其有益，但如果没有实际生活的锤炼，教育就只能停留在理论层次上。我们在生活中往往会遭遇一些严酷的考验，这些严酷考验往往会使我们获得一些书本上或学校教育中所不能获得的真知灼见。一个人若想事业有成，他必须经受住日常工作、形形色色的诱惑以及各种艰难困苦的考验。在这些考验中，他应该能行得正、走得稳。而且，他也应该能够承受住折磨或苦难。

面对拒绝，你会如何使场面维持下去？你会丧失勇气吗？你的兴致会踪影全无吗？此时此地你会被击垮吗？或者它只会激起你更大的决心？它是使你奋起直面反对意见，鼓起你的勇气，还是使你偃旗息鼓？

苦难会改善人的性情和强化人的意志。即使是悲伤，也以一种奇妙的方式和快乐与温和联结在一起。和快乐一样，苦难也毫无疑问是对一个人的恩赐，但是，它对一个人品格的磨炼的影响却比快乐要大得多。它磨炼和美化人的个性，教给人以耐心和服从，从而使人升华出最深邃和最高尚的思想。先为败后求胜，不仅是兵家保存自己、夺取胜利的谋略，同时也对人们求生存、图发展有着很好的指导意义。我们要想事业一帆风顺，便应经常寻找自己在法律、经济以及人际关系等方面的可能致败之处，并预先防范或及时补救，这样才能把自己求胜的理想置于坚实的基础之上，使理想之树结出胜利之果。

如果经过一番艰辛的拼搏，事业仍然成功无望，此时当事人便应进行深刻的分析，看看是主观原因的影响还是客观条件的制约，并采取相应的对策摆脱困境。

面对可能出现的败局，我们不能听之任之，因为这种败局只是一种可能，没有必然性，所以，在可能失败之前，我们必须努力保证不失败，或者力求少失败。

有一个成功的生意人告诉卡西，在他漫长的商业生涯中，他所取得的每一次成功都是努力打拼的结果，因此现在他实际上很害怕轻易得来的成果。他认为，不通过奋斗就能获得有价值的东西，此中必定有问题。通过拼搏达到成功，克服障碍，给他带来了无穷的快乐。对他来说，困难是兴奋剂，他喜欢做困难的事，因为它可以检验他的力量和能力。他不喜欢做容易的事，因为它不能给他带来兴奋和快乐，这一切只有在胜利之后才能感觉得到。

有些人真正的力量在他们遭遇反对或失败之前是永远也表现不出和发现不了的。他们的潜力在他们体内埋藏得如此之深，以至于一般的刺激都不能将其激发出来。但是，当他们遇到困难，遭到嘲弄、"痛斥"，或者受到侮辱和指责的时候，一股新的力量似乎就在他们体内产生了，借此他们能做成在此之前看上去似乎绝无可能的事情。

记住，这是对你的一次考验，如果你坚守阵地，不露惧色，别人的拒绝就会使你本性中最优秀的一面显露出来。无论什么时候你遭到别人的拒绝，就想一想像拿破仑和格兰特这样的人，他们都是从反对和拒绝中崛起的英雄。

无论什么时候，只要我们怀揣的动机、所面临的紧急事态和所肩负的责任要求我们发挥潜质，令我们吃惊的潜能就会迸发出来。脸皮薄、感情脆弱的销售员往往遭到第一次拒绝或挫折就泄气了。

要找到能应付各种对抗行为的销售员并不是一件容易的事。但是，他们是必需的，他们能对各种反对意见进行不屈不挠的斗争。孱弱的销售员在遭受挫折后会选择退却，有勇气和毅力的人却只会再接再厉。他不会让一两次拒绝就把自己击垮了。有一些销售员是如此的脆弱，以至于在个性突出的顾客面前连自己的个性也丢掉了，顾客三言两语就可以把他们驳倒，还在对手猛攻之前他们就已经倒下了。他们会说："是的，我估计你大概是对的，布兰克先生。我以前并不这么认为，但是我想你了解得最清楚。"他们不能坚持自己的立场，捍卫自己的观点，因为他们给了对方左右他们思维和用更突出的个性抑制他们的个性的机会。

朋友们，加油吧！持续你的努力，每天、每个月累积一点一滴的进步，原本今天无法实现的理想，明天就可看到丰硕的成果。明天的太阳是美丽的，明天的事业也属于你们！勇气并非毫不畏惧，而是克服畏惧！

自信是做好一切的基础

如果有坚定的自信，即使平凡的人，也能做出惊人的事业来。缺乏自信的人即使有出众的才干、优良的天赋、高尚的品格，也很难成就伟大的事业。

一个人的成就，绝不会超出他自信所能达到的高度。

坚强的自信，便是成功最大的源泉。

有一次，一个士兵骑马给拿破仑送信，由于马的速度太快，在到达目的地之前猛跌了一跤，那马就此一命呜呼。拿破仑接到信后，立刻写了封回信，交给那个士兵，吩咐士兵骑自己的马，快速把回信送去。

那个士兵看到那匹强壮的骏马，身上装饰得无比华丽，便对拿破仑说："不，将军，我是一个平庸的士兵，实在不配骑这匹华美强壮的骏马。"

拿破仑回答道："世上没有一样东西，是法兰西士兵所不配享有的。"

世界上到处都有像这个法国士兵一样的人，他们以为自己的身份卑微，别人所拥有的一切，是不属于他们的，以为他们是不配享有的，以为他们是不能与那些伟大人物相提并论的。这种自卑自贱的观念，往往成为不求上进、自甘堕落的主要原因。

经常有人这样想：世界上最好的东西，不是我这一辈子所能拥有的。他们认为，生活上的一切美好的事物，都是留给一些特殊的人的。有了这种卑贱的心理后，当然就不会有要成就伟大事业的信念。

许多人本来可以做大事、立大业，但实际上竟做着小事，过着平庸的生活，原因就在于他们自暴自弃，他们没有远大的目标和坚定的信念。

与金钱、势力、出身、亲友相比，自信是最重要的东西，是人们从事任何事业最可靠的资本。自信能帮助人排除各种障碍，克服种种困难，能使事业获得完满的成功。

有些人开始对自己有深层的了解，相信能够成功，但是一经挫折，他们就半途而废，这是因为自信心不坚定的缘故。所以，仅有自信心还不够，更须使自信心变得坚定，那么即使遇到挫折，也能不屈不挠，奋勇向前，决不会因为小小的挫折就退缩。

从那些成就伟大事业的卓越人物的人格特质中就可以看出一个特点：这些卓越人物在成功之前，总是具有充分信任自己能力的坚强自信心，深信自己必能成功。这样，在做事时他们就能全力拼搏，破除一切艰难险阻，直到胜利。

玛丽·科莱利说："如果我是块泥土，那么我这块泥土，也要预备给勇敢的人来践踏。"如果在表情和言行上时时显露着卑微，任何时候都不信任自己、不尊重自己，那么这种人自然得不到别人的尊重。

大自然给予我们巨大的力量，鼓励我们去开创伟大的事业，而这种力量潜伏在我们的脑海深层，使每个人都具有宏韬伟略，能够精神不灭、万古流芳。如果我们不对自己的人生负责，在最关键、最可能成功的时候不把自己的本领尽量施展出来，那么对于世界也是一种损失。世界在不断变化，正待我们去创造。

做个干劲儿十足的顶尖销售员

那些充满乐观精神、积极上进的销售员，做什么事都干劲儿十足，神情专注，心情愉快，自己创造机会，把握机会，一心想把销售做得更好。

两个人同样从事一种工作，在态度、方式上却迥然不同。很多十分擅长做家务劳动的家庭主妇，不管她们是蒸面包，铺床，还是擦洗家具，都是一副全身心投入的专注神态。她们以积极的心态做这些事，并从中享受到乐趣。这在另外一些主妇看来是十分单调乏味的事，在她们看来，却妙不可言。她们能从家务事中体会到艺术的美。不管是照料孩子还是料理家务，都不觉得枯燥乏味。事实上，看着她们以轻松愉悦的心情干着事，看着她们心满意足，简直是一种享受。她们心情很愉悦地摆放着每一件家具，摆弄着自己喜爱的小玩意儿，她们的品位得到完全的体现。整个家庭的氛围是那样的温馨、舒适，使人的心灵得到慰藉，生活变得更为甜蜜。

还有一些家庭主妇，她们把家务活儿看成是累赘，如果可能的话，宁愿以少活两年来换取免做一切家务。她们厌恶家务活儿，只要稍有可能，她们就会拖延或干脆省掉那些家庭劳动，即使是被迫做了一些，也是非常糟糕的，甚至把整个房间搞得乱七八糟，毫无舒适感。在这样的家庭里，心灵怎么会得到满足呢？换句话说，她们是以应付了事的心态在做事，而不像前面提到的家庭主妇，是把做家务当成了一门艺术。

当一个销售员喜爱他的工作时，这是很容易就能看出来。他十分投入，表现出来的自发性、创造性、专注和谨慎，非常明显。而这样的表现在那些视工作为应付差事的人那里，是根本看不见的。

对于懒惰的主妇，如果某个仆人生病或外出有事，她不得不做家务活儿时，她就会咆哮如雷，大发雷霆；而在另一种主妇那里，她却会充满同情心，认为刚好给仆人们一个放假的机会，对偶尔亲手做一些事、准备一顿晚餐也甚为高兴。

这样的情形在办公室、商店、工厂里随处可见。一些职员工作散漫、拖沓，似乎连走路都费很大的劲儿，让人觉得，对他们来说生活是一个沉重的负担。他们厌恶自己的工作，希望一切都快些结束，他们根本就不清楚，为什么别人能充满热情，干劲儿十足，自己却总是觉得不管什么事情都乏味无聊。看着这样的职员干活儿，简直就是受罪。而那些充满乐观精神、积极上进的人，做什么事都干劲十足，神情专注，心情愉快，自己创造机会、把握机会，一心想把工作做得更好。对工作持有不同态度的人，其最终取得的成绩也因此存在着天壤之别。

即使是补鞋这样的工作，也有人把它当作艺术来做，全身心投入进去。无论是一个补丁还是一个鞋底，他们都会一针一线地精心缝补。

正是因为有着这样良好的心态、愉快乐观的精神、饱满的生活热情，补鞋匠才会把单调无趣的日常工作，看成是充满激情与成就感的事业，并身体力行。

100多年前，有一位家住罗德岛的人，他费尽心思，砌了一堵石墙。就像一位大师要创作一幅杰作一样，他干得非常专注认真。他反反复复地审视着每一块石头，研究着每块石头的特点，思考着怎样才能把它放在最佳的位置。砌好以后，他从不同的角度细细打量，像一位伟大的雕刻家，欣赏着由粗糙的大理石变成的精美塑像，内心非常欣慰。他把自己的品格和热情都倾注到了每一块石头上。每年，他的农庄门庭若市，因为参观的人摩肩接踵，他也很乐意解说每一块石头的特点以及自己是怎样把它们的个性充分展现出来的。对任何一个细节，任何一件小事都认真对待、关注，每做一件事情都全身心地投入，你终究有一天也会像他一样成功的。

第七章
真诚赢得客户尊重

万事开头难。也许你有过惨痛的失败经历，或者对销售事业已经有了某种轻度的倦怠感，也许你已经淡忘了这份工作所带来的乐趣，不再忆起那份成功的快感：经过友好、扎实、坦诚的交流，最终签下了订单。一旦你陷于这种境地，我们建议你一定要以最大的努力唤起自己热心与真诚的态度，以赢得客户的信赖。

千万不要低估客户

"今天拜访的那位潜在客户真是不怎么样，竟然听不懂我在说什么。"也许你已经习惯于听到销售员如此损客户了，也许你自己也曾经这么批评过你的客户。

我们要提出的问题是：身为销售员，这种批评对你代表了什么？

　　你扮演着资讯传达者的角色，就像一个导体一样，串联着公司业务和终端使用者。

　　在你加以详细解说之前，客户又如何能得知你们公司业务运作的情形？而且除了你的联络电话外，客户凭什么必须对你的公司作进一步的了解呢？

　　只有一个领域是客户所精通擅长的，这个领域就是他们所面对的难题。而解决客户的问题，正是销售员的使命所在。你必须投入大量时间、精力，以从客户那儿发掘相关的资讯。

　　从这个角度来说，如果你认定客户一无所知，实在不是明智之举。销售员的工作就是了解客户所面对的难题，然后向他们说明自己的产品或服务怎样能为他们创造竞争优势，进而解决问题。你必须以伙伴的身份，以平等的姿态去执行这项任务。如果带着傲气或者优越感去做销售拜访，你的这种神态必然会流露于言谈举止之间，必将完不成自己的销售任务。

　　客户对你公司的产品或服务的了解显然大大不如你，因为他们并不以销售这些产品或服务为生。你是吃这碗饭的，你要责无旁贷地尽快提供相关的重要资讯，而不是在客户不能马上了解你的解说时，失望地大摇其头。

　　坦诚地向客户提供有关公司、产品或服务的资讯，可以鼓励他们向你有效地回馈相关资讯，否则，你将面临一个大难题。我最近曾经和一家生产工业用机器的厂商合作过，他们的一位销售员盛气凌人，以致其客户不愿意将采购决定坦诚相告。当事实暴露后，他又大发雷霆。我认为，这位销售员在和客户接洽的过程中，一定有欺诈之举，难怪客户会故意给他一些错误的资讯！

　　只要与客户保持携手合作的态度，就可以使可能出现的问题在你能够解决的范围内加以解决，此时，客户当然会做出明智的决定。因此，你的工作不应在客户的短处上大做文章，而应鼓励他们做出明智的选择，即与贵公司进行业务往来。

微笑是你成功的一把钥匙

你对别人皱的眉头越紧，别人回报你的眉头也就越紧。但如果你给对方一个微笑的话，你将得到10倍的利润。

卡洛是一个意大利人，他是伦敦著名的沙威旅馆的总经理，这家旅馆有将近100年的历史。卡洛每天很有效率地管理着旅馆的400个房间，诸如房间预约、床位安排、床单、食物供应等，他都能安排适宜，做起事来得心应手。

将近100年来，这家旅馆住过各色各样的人。譬如，国王和王后，电影明星和歌剧演唱家，高尔夫球员和拳击选手、将军、神父、牧师……

你可以想象卡洛每天面临的问题有多少。作为一位总经理，他不仅每天要管理一大堆职员，从侍者到厨师、女仆到乐队，还要解决许多问题。他对《时代》杂志记者说，他的办法很简单，而且对每个人都有好处。

"我笑得很多。"卡洛说，"这是我性格的一部分，你可以永远或90％的时间用微笑来避免遭遇问题。"

现在你也许会说："等一等，这样说的话，不是把事情看得太简单了吗？有些问题你是不可能用微笑来解决的。"但事实上你完全可以，因为解决问题的最好办法就是一开始就避免问题的产生。也就是说，在问题发生以前，你就先把它解决了。而一个真心的微笑，不管是看到的或从声音里听到的，都是一个很好的前锋。把你自己先销售出去，通常可以避免后来问题的发生。

用微笑先把自己销售出去，这也是美国联合航空公司的一项政策。

联合航空公司宣称，他们的天空是一片友善的天空。但事实上，那份友善从地面就已经开始了。不要误会，我们这里不是在替联合公司做广告。以下是故事得主角——葛瑞丝所经历的一个真实故事。

葛瑞丝曾经参加联合航空公司一次工作的面试，不靠关系，不靠牵线，她完全凭她的本事很意外地得到了那份工作。

在面试的时候，她知道自己的工作大部分是通过电话进行的，特别是有关预约、取消、更换或确定飞机航班的事情。

很令她惊讶的是，在面试期间，当主试者讲话的时候，总是故意把身体转过去背对着她。他后来告诉她说，这不是因为他不懂礼貌，这样做是为了听她声音里面的微笑，因为在她要从事的这项工作中，微笑是很重要的。他要去感觉她的微笑，他说：微笑一定要成为她工作中最大的资产。她被雇用的最主要原因就是因为她会微笑。

没有太多的人会看见她的微笑，但他们通过电话，可以知道她的微笑一直都在那里。

在一个恰当的时间、恰当的场合，一个简单的微笑可以制造奇迹。假如你要在生活之外，获得特别的"微笑知识"的话，这里有七条简单的规则，每一条都会使你在任何情况下更容易销售自己。

（1）当你不想笑的时候就笑。

（2）和别人分享你乐观的思想。

（3）用你整个脸微笑。

（4）把眉头舒展开来。

（5）运用你的幽默感。

（6）大声地笑出来。

（7）不要说"Cheese"，说"I like you（我喜欢你）"。

虽然这七条规则很简单，但如果你想主宰它们的话，仍然要花些时间练习。

满足客户的意愿

遵从"上帝"——满足客户的意愿与需求，已作为一个现实而严峻的问题摆在所有厂商的面前。那么，具体该如何做呢？

1. 满足客户求实的需要

真正精明而正派的厂商，从来都是以优异的质量来满足客户求实的需要的，从不弄虚作假。但应当承认，客户对厂商具有一种天然的怀疑心理。换言之，你的货品即使的确很好，但很多客户还是放心不下。所以在商战中不仅要把实货精品提供给客户，同时还需要我们运用一定的技术、一定的手法把这实货精品的高质量变为客户的共识。

上个世纪九十年代初，内地一家手表厂所生产的明星牌手表是质优价廉的精品。但由于当时人们对洋货的盲目崇拜以及对国货的怀疑心理，明星牌手表的销路一直不是很好。怎样才能使明星牌手表的质量被顾客所认识，在消费者心目中占有一席之地呢？厂家想出了一个促销的手法。在一次大型展销会上，厂家租用了一架直升机，从高空中将手表抛下，抛下的手表竟丝毫无损。很快，明星牌手表名扬四海，销量大增。

运用这种手法可以促销，但这是以产品质量为前提保证的，如果质量不符合要求，那厂家就是搬起石头砸自己的脚了。

2. 满足客户求方便的需要

现代社会中，人们越来越强烈地体验到"一寸光阴一寸金，寸金难买寸光阴"的深刻内涵。随着生活节奏的加快。人们的时间似乎已变得越来越不够用。有鉴于此，在消费中，求方便的需要则显得格外强烈。

日本有一家名叫普拉斯的公司，是专营纸张、文具、图钉、尺子等文教小用品的小企业。由于薄利而不多销，经营方法陈旧，生意始终很惨淡，公司业已接近破产的边缘。

一天，公司的老板突然向职员们宣布：本公司因产品缺乏新意，故萎靡不振，已面临破产的危机。为了摆脱困境，希望全体员工动脑筋，想办法。王村浩美是一个责任感很强而又机智敏捷的女孩子。她把老板的话牢记在心，并对客户进行了细致的观察和分析。后来她发现，来买东西的人几乎很少买一件的，往往是好几件一起买，于是，她灵机一动，想出了一个新颖的经营点子——文具组合，即将一些文具集中起来放在一个盒子里销售。

就这么一个小小的改进，却大大满足了顾客求方便的需要，普拉斯文具的产销量马上大幅度上升，很快便风行全球。

产品由滞销到畅销，企业由凄凉到兴旺，靠的是什么点金术吗？无非是满足了消费者求方便的心理需要罢了！在其他条件大致相同的情况下，哪一家厂商能给消费者带来方便，哪一家厂商就能赢得消费者、赢得市场。

企业家们也不应只在商品滞销之时才想起给消费者提供方便，而要在鼎盛时期便能想到并做到这一点。尽管"提供方便"是一种促销手段，但要尽可能地不露痕迹，让消费者感到是你在为他提供尽善尽美的服务。如果在提供方便时想到消费者所未曾想到的，但又确是其需要的方便，效果就更加好了。

3. 满足客户追崇时尚的欲望

任何人都不甘为时代的落伍者，而想成为时代的弄潮儿。有时，消费者购买物品，与其说是满足生活之必需，不如说是追崇时尚的欲望。若商家对此置之不理，或是逆潮流而动，则会在商战中一败涂地。

上世纪八十年代的浙江海盐衬衫总厂曾名噪一时，有一次营销员向厂长报告，上海有一种黑底红花针织涤纶女衬衫十分畅销。厂里得到这个消息后，立即用其他面料赶印了大批黑底红花布，并加工成女衬衫。结果，这种被称作"黑牡丹"的衬衫很快流行于各大城市，客户纷纷来函订货。后来，海盐衬衫总厂得知各地厂家都在纷纷准备生产这种衬衫，便警觉地停止了"黑牡丹"衬衫的生产，转向生产在上海滩上刚刚露面的立领花边女衬衫和香香衫，结果又迎来了新的销售高潮。

对于厂商来说，一个颇具实际意义的问题就是如何利用时尚资讯通过什么手段来满足消费者消费时的心理需要，进而达到促销的目的。预测时尚、把握时尚、制造时尚应是这一问题最主要的三个方面。

时尚是有规律可循的，精明的厂商应将自己的注意力与产品的投入紧密结合起来，并协同有关专家预测时尚。时尚来临时，要把握住它，因为时尚毕竟是短时之尚，很快，旧的时尚便会过去，新的时尚又会到来。时尚本来就是人为制造出来的。因此，我们不妨根据时代特点、大众心理而制造出时尚来。

对待客户要一心一意

许多销售员往往忙着执行工作进度表上所列的应办事项，而忘了他们所面对的是一个个活生生的人。

有位年轻的销售员来找阿森做销售拜访，他长篇大论地介绍着产品，阿森则一语不发。讲到某个段落时，有人提醒他应在此时间客户一些问题。他尽义务似的问了这些问题，却生硬极了，像在念一篇演讲稿。当阿森回答问题时，发现他不时将视线投向别处，根本没注意阿森说些什么。

之所以会造成这种情形，有部分原因是他靠佣金过活的压力所带来的。当你被压力逼得喘不过气来时，我建议你把自己关闭在一个小天地中，在那儿，我们握有主控权。

据估计，销售员一个星期的实际销售时间平均要少于五个半小时，也就是说，如果你像他们一样，每天实际从事销售的时间连一个钟头都不到。你得忙着做其他许多事情，有销售拜访前的准备、打电话开发新客户、写建议书、参加会议、填报表等，正因为此，在与客户见面时，你务必把每分每秒都花在他身上。务必仔细倾听客户所说的每句话，千万别做白日梦或心不在焉。

进行销售拜访时，稍一分心，客户也会跟着心不在焉。你也许开始坐立不安，考虑中午该吃什么，想到今晚要去看的电影，让自己的思绪放纵奔驰。这将会毁了整个销售拜访，因为客户一定会观察到你的状态，怀疑是不是出了什么差错。这样你就永远也无法营造互信的气氛，这将是致命的，因为互信的气氛不可或缺。

如果你需要一个强有力的说辞来强迫自己全神贯注，请你进行自我提醒：客户所直接或间接告诉你的，是值得你听上一整天的最重要的事实，那就是他是否要买你的产品，以及其中的原因。

另一个办法是记住重点，以求集中精神。公事包务必整理好，带齐你所需要的每样东西。你所准备的销售辅助器材应该是对你有绝对帮助的，绝不能让它们起反作用。如果你花了5分钟的时间才从公事包内找到公司简介，这可是个坏兆头。

但是，太在意客户一句没交代清楚的话，或者一个负面的评语，这也是一种错误。如果客户告诉你左是右、右是左，不要被他迷惑了，不要马上要求解释，而且千万别向他挑衅。因为这样做，你什么也赢不到。应该选择适当的时刻委婉地要求对方加以说明，然后再回到原来的话题上。

应设法了解客户的关心点，提出基本问题，在客户回答后，重述其重点。在适当时机让客户握有场面的主动权，然后仔细观察他的反应，而发掘每位客户的特定关注点。

提供尽善尽美的服务

在我国改革开放的窗口——深圳，商界流行着这么一句话："让客户兴致勃勃而来，毫不犹豫地掏钱，愉愉快快地离开。然后，再重复一次，再重复一次……"我们若加分析便可知晓，在"毫不犹豫"与"愉愉快快"状态的获取，在很大程度上有赖于客户在消费时的感受。他们的感受如何将直接决定着今天的这笔生意能否做成，更影响着日后做生意的可能性。所以，首先要尽力去提高客户在消费时的感受。

如一旦伤害了客户的购买积极性，影响了买卖关系，即使货再好，也会卖不出去，导致生意萧条冷落。

日本松下集团信奉"客户是上帝"的原则，他们认为销售服务是"为社会人类服务"，获得利润则是随之而后的报酬。松下幸之助就曾经说过这样一句话："今天大家都晓得要重视品质，但是未来游戏规则所追求的重点，叫作服务优越性。"继服务质量之后，服务优越性变成了日本企业下一个全力以赴追求的目标。这个目标首要的是"既非利润，也非竞争定位，而是要通过实用、创新、符合市场需求的产品，来增加客户的满意程度，对客户的承诺，将持续主导企业的决策。"许多行业重视与客户沟通，奖励对客户最细心的员工。运用新手段为客户服务。松下积六十年的经验总结出了"销售服务30条"，例如对客户应视如亲戚，对客户的批评应视之为圣洁的语言，等等。

如何在工作时注意到一些细节问题？曾当选为"美国十大杰出青年"的卡特曾经是销售部门的领导人，他讲述了这样一件事：

"我将为你们举一个很好的例子，来说明一件很小、似乎无关紧要的事情，但同样也能影响到我和我的工作、我的人生。我刚搬家的时候，我们一家人，包括六个孩子和两条狗，看起来整个家是一团糟，倒霉的是电视机又坏了。我找到电话簿，随便找了一位修理工过来。在他修好电视之后，他请我过去看，没想到他并未如我预料的那样先掏出账单给我，反而拿出一瓶清洁剂先将荧光屏擦干净。他竟然注意到如此细节的问题，这是多么细心的服务！从此，只要我家的电视机一有毛病，我太太总会说：找那个懂得擦电视屏幕的家伙。"从上述事例中，我们足以看出，一些微小的事情也会在客户的心目中产生出巨大的影响。如果一个经营者能够从小处着手，不放过任何一个可能对大局产生影响的细节，并踏踏实实抓住这些细节，搞好这些细节，就会在客户的心目中留下美好的印象，从而赢得回头客，也赢得良好的声誉。

客户购买你的产品，是他将钱交到了你的手中，他就有权利要求尽善尽美的服务，而你也有义务向他提供尽善尽美的服务。为客户实际上也是为你自己。

在日本，不管你走到哪家银行的哪个营业所，那里都有宽大整洁的大厅。你要办理业务，就从发号机里抽个号，然后坐在宽敞舒适的沙发上等待。大厅里，总有几位值班员在走动，他们首先用笑脸把你迎进店门，然后为你引路。"您要存一笔钱，是半年期，还是一年期？是固定利率，还是市场连动利率？要不要买国债？"银行营业员会不厌其烦地提建议，直到你拿定主意为止。存完钱后，银行还会送你一些礼品。

客户购买商品后回去就会使用，使用久了或由于别的原因难免会有毛病。目前，一个响亮的口号在商界回荡，那就是"二次竞争"。如果说，第一次竞争的战场在销售点，那么二次竞争的焦点就在售后服务。消费者购买商品时，最为关心的不是价格高低，而是质量如何，尤其是出了故障有没有人修，方不方便……消费者的这种心态，大概就是古人所说的"欲进思想"吧。因此，厂商若为消费者安排好了退路，产品必将大受欢迎，消费者也必然会踊跃购买。

如今，我国的洗衣机市场已是买方的天下。众厂家都在绞尽脑汁争取更多的客户。除了质量、外观，合肥荣事达集团却是凭售后服务走到了前头。荣事达集团的洗衣机产销量多年来一直稳居全国排行榜的前几名。为给消费者解决后顾之忧，这个厂的售后服务人员可谓费尽心思，绞尽脑汁。他们在全国36个大中城市设立服务站，配备售后服务车上门服务，又在全国设立了多个特约维修部，力争使每一个用户感到方便。虽然售后服务方面投资巨大，但他们也获得了社会效益与经济效益的双丰收。他们得到了消费者的赞扬与喜爱，他们也因消费者的信赖而销路大畅，给自己带来巨额的利润。

"售前的奉承，不如售后的服务。"那些在销售中虚情假意，曲意奉承，一旦消费者购买后便翻脸不认人的经营者看似聪明，实乃糊涂。他们的企业不会生存下去，更谈不上发展。

消费者的需要是现实的，厂商的服务若不能满足这些需要，他们就不会满意，他们就会转向别家厂商以求得所需要的满足。消费者还有一种潜在的需要，即根据时代的发展而涌现出来的新种类的需要。这些需要，消费者可能还没有意识到，可能只是朦胧地感觉到，企业若能领先一步，具有超前意识，那就可以获得消费者的认可，就能够为自己开辟新的财源，那就能够在激烈的商战中寻得机会，使自己得到一块新的阵地。

第八章
掌握与客户沟通的技巧

　　销售员与顾客之间要搭起一座桥梁，即销售员和顾客之间要互相沟通。如果双方之间没有沟通，顾客就不可能接受你的产品。作为销售员，你必须了解：顾客通常是极其平常的，是完全可以融洽相处的。因此，销售员应该确信，如果销售没有成功，并不是顾客本身的原因。

与顾客沟通的方式

　　销售员的目标是售出产品。在售出产品之前，你必须与顾客进行有效沟通，所以你必须尽可能地考虑顾客的愿望和兴趣，并接受一些与自己见解相对立的意见。你不能只居于主导地位，必须协商行事；应该在你的影响下，使顾客自愿地与你成交。因此，销售员一方面必须有一个确定的严格目标；另一方面，也必须让顾客表达需求与兴趣，不使他失望，从而避免产生本能的购买障碍。

在日常生活中，我们可以见到这样的例子：刚出生几个月的婴儿感到饥饿的时候，就用哭来表达。而父母也知道他饿了，马上给他喂奶。由此看来，婴儿有天生的沟通技巧。不过这种方式仍然是单向的沟通，销售员与顾客之间要进行有效的沟通，沟通必须是双向的。

顾客的类型不一而足，销售员与之沟通的方式也要不断地变化。应根据不同的顾客类型，提出相应的沟通方式，从而使沟通成为有效的沟通。下面就将不同类型的顾客提出一些具体的沟通建议：

有许多顾客特别友好，对待这样的顾客应当留心，不可因为顾客友好而忽略了销售谈话和为顾客提供的服务。

（1）遇到寡言的顾客，必须尽快弄清他们的要求和愿望，对这样的顾客如果能够针对他们的要求、问题或者愿望进行详细的阐述，也许他们将不再拘束，会变得坦率起来。

（2）遇到饶舌的顾客必须倾听、倾听、再倾听。喜欢说的人不能容忍别人打断他，销售员简短、准确的问话和明智的回答常常可以把话引向自己的目的。

（3）匆忙的顾客没有时间，或者他只是以此为借口。不过这都无所谓，要紧的是必须尽快地接待他，那么他的这种匆忙还能被利用。因为匆忙的人在接受很好的咨询后理应很快地做出决定。

（4）自以为是的人其实很少有恶意，遗憾的是，如今许多顾客的确比为他们服务的销售员知道得更多。遇到自以为是的顾客，无论如何也不要站到反对他的立场上，应该礼貌待客，尽管有时做到这一点很不容易，逆着一位自以为是的顾客的看法，结果会什么都销不出去，顺着他的看法常常可能促使他购买。

（5）对犹豫迟疑的顾客无须催促，一旦发现他们对你有点儿信赖时，你就应该抓住机会，强调公司的良好信誉以及产品的优良性能。

（6）不要在无礼的顾客面前失去冷静，应该始终保持友好的态度，当然也不能低声下气。经过一番努力，一开始令人不快的对话常常会过渡到可以忍受的攀谈上来。

（7）持批评态度的顾客可能仍然是好顾客。每一位顾客都有权带着批评的眼光来检验向他提供的货物，如果能友好地、令人信服地回答他的问题，就会赢得他的信任。

（8）对过分认真、拘泥细节的顾客也需要有很大的耐心。不必把追求外表和行为的正确一概视为死板，认真、谨慎与吹毛求疵两者之间的界限通常是很狭窄的。

（9）不要让自己被有权力意识的顾客激怒。你可以假设这种顾客有自卑感或遭受了某种失败。假如你能在这样的前提下向他提供一些能显示作用与影响的东西，你也许会从中得利。

当然，还有其他类型的顾客，比如瘦弱型的、爽朗活泼型的、暴躁型的等，不过这些类型的顾客很少和你打交道。但是你要记住，不管有多少顾客类型，顾客对你来说都是有利的。因为他们保证了你能够取得你所希望的成就，只要你积极努力，便可以向他们销售一些产品。

无论顾客的类型如何，销售员要想和他们沟通，必须通过一定的中间物质，即媒介物。人与人之间的沟通，包括销售员与顾客之间的沟通，存在着两种方式，即语言的沟通和非语言的沟通。

语言的沟通是指以语言文字符号作为媒介物的沟通。语言的沟通包括面对面的交谈、通过电话的交谈和书面的讯息交流。语言的沟通方式，是以语言文字符号作为媒介物的，比较直接，当你听到引人注意的谈话，再看见一段文字，就可以直接了解其含义。

非语言的沟通，是指不以语言文字符号为媒介物的讯息传递。它是一种间接的沟通方式，比起语言的沟通方式来，它要经过受讯者的思考才能够被理解，所以比较复杂。但是非语言的沟通在销售实践中也是非常有用的，有时可能胜过语言的沟通。因为顾客的语言不一定能表达出他的真实想法，他的真实想法可能会通过身体某一部分的动作表现出来。有时候我们能碰到这样的情况：当我们递给一个小孩儿一块巧克力时，小孩儿说："不要。"但是你可以看到他的眼睛却直直地盯着巧克力。从这里我们可以了解这个小孩儿的真实想法：他实际上是想要巧克力的。这是一个非语言沟通的典型例子。

在销售的过程中，销售员对于语言的和非语言的沟通都要重视。有的顾客会坦率而彻底地讲出他的心里话，当一个人真诚地向他人揭示自己的内心世界时，他的举止神态可以明显地表现出来。这时，销售员不管是以语言的还是非语言的沟通方式，都获得了有效的沟通。非语言的沟通方式有助于加强你通过语言的沟通方式而获得判断。而有的顾客虽然嘴上说的是一套，但你可以从他的举止神态上发现相反的意思，这时你询问他几个实质性的、关键性的问题，就会证实你从非语言沟通方式获得的讯息。

语言沟通方式的两种形式

语言的沟通方式，是以语言文字符号作为媒介物的。语言文字符号的存在形式只有两种，即有形的和无形的。有形的是指可看得见的，即我们日常所使用的文字符号，无形的是指人眼所捕捉不到的，即人们通常所说的话。所以，语言的沟通方式存在着两种形式：口头沟通和书面沟通。

口头沟通与书面沟通都能够传递讯息，使销售员与顾客进行沟通。口头沟通实直接的，销售员可以马上了解自己的销售是否成功；而书面沟通是间接的，要隔较长的时间才能知道自己的销售成效，有时销售员发出函件也可能石沉大海，一无所获。这两种形式到底孰优孰劣呢？下面将分别予以介绍。

1. 口头沟通

口头沟通是人与人之间通过谈话获得的沟通，它可能是面对面的谈话，也可能是通过其他方式，如电话等获得的沟通。销售员极少采用电话与顾客做销售谈话，因为这样的销售效果很差。销售员一般都采用面对面的洽谈方式。

销售员的销售工作主要采用口头沟通的方式。因为口头沟通同书面沟通比较起来，有较多的优点。

首先，口头沟通的速度比较快。销售员在同顾客进行过一次销售洽谈以后，立即可以知道顾客要不要他的产品。在销售谈话中，你可以直接把你的想法传达给对方，不需要花费时间去写备忘录、报告和给顾客销售的销售信件。

其次，口头沟通即刻就可以获得顾客的反应讯息。当你把讯息传达给顾客时，可以马上了解到顾客对你所传达的讯息的反应，如果有必要，你要改变销售方式。进行口头沟通时，为了避免你误会顾客的意思，或者顾客误会你的意思，你可以通过询问的方式来确定你和顾客之间是否产生了误会。

但是口头沟通也有一些缺点。销售员要与顾客进行口头沟通，必须亲自去拜会顾客。这样的话，他必须付出一定的交通费。对于经常拜访顾客的销售员来说，交通费的数目是比较大的。销售员去外地销售也需支付住宿费。口头沟通也要浪费销售员的时间，有时候销售员花费很长时间去劝说顾客，但结果仍然是一无所获。

虽然口头沟通有缺点，但它的优点毕竟是大于缺点的，口头沟通仍然是销售员进行销售时所使用的主要方式。

最后，口头沟通与其他谈话形式一样，是人与人之间的谈话。要想使口头沟通成功，必须遵循某些规则，其实说到底，成功的口头沟通就是成功的谈话。

"一句话的美在于用最恰当、最少量的词汇，最有效地表达一种思想。"这句话道出了所有与销售谈话有关的内容。销售谈话的生命力就在于最及时、最恰当地表达思想。但是销售谈话是对话，它不仅取决于销售员谈的是什么，而且也取决于他听到的是什么，因为沟通是一个双向的过程，发讯者传达的讯息要被受讯者所了解，并且传回给发讯者一定的反应讯息。受讯者如果注意到发讯者说了些什么，是怎样表达的，他就能从中领悟到某些东西，因为从谈话的内容和表达方式上能很快发现谈话的真正含义。

在与顾客进行口头沟通以前，作为销售员的你必须考虑到以下几点：你的主要目标、次要目标和最小目标；顾客的需要和目标，以及他们可能采取的态度；你为达到目标所要采用的论据；顾客可能的反应和回答。在与顾客进行销售谈话时，你要确立一般原则，可以从以下几点出发：言多必失，少说为佳；清楚而准确地表达出你最重要的意见；尽量使用短句，语言表达简洁明了；谈话要通俗易懂。作为销售员，你要认识到，销售谈话不仅是在传递讯息，甚至可以说是向对方施加影响。所以，只有顾及对方的兴趣，才能对其产生影响。谈论顾客的愿望、要求、问题和希望必须一直是销售谈话的中心。

在进行销售洽谈时，你必须创造一种融洽的气氛，只有在轻松自如、友好合作的气氛之中，你与顾客才能相互信任。你要掌握洽谈进度，注意洽谈气氛，控制洽谈局面，正确地表达出自己的观点，采用"滚雪球"和提问式的方法诱导顾客作出肯定的回答。如果有必要，可以把洽谈的话题转移到一个双方都没有争议的问题上。

总之，在与顾客进行口头沟通时，你要掌握一定的语言技巧，巧妙地打动顾客的心，使他们对你的产品产生兴趣，进而使你的销售获得成功。

2. 书面沟通

书面沟通是指销售员与顾客之间借由信函来往而进行的沟通。书面沟通是由书面形式作为中介物的，也就是说，它是通过确定的、有形的文字形式记录下来的。值得经常使用的一种方法是给顾客写销售信，在信中要用高度概括的形式介绍产品的性能、公司优质的服务以及顾客购买你的产品将得到什么好处，这样做具有许多优点：

第一，书面形式要比口头表达更为准确。经过冷静的思考后，你对销售要点才能比较容易地找到一些恰当的提法，避免一些不恰当的提法，经过周密的计划，你的语言更能打动顾客的心。此外，你还可以对顾客的态度以及其他一些特殊问题和特殊要求进行全面的考虑。

第二，送给顾客一份书面资料，有助于他仔细考虑，这对你的销售工作是大有好处的。尽管你并不与顾客朝夕相处，但书面资料可以较长时间地对顾客产生影响。

第三，书面资料往往给你的报价增加较强的可靠感。但这一点往往被忽略。

第四，书面资料能给人一种强烈的直观感觉，它比口头洽谈的效果要大得多。

第五，顾客公司在讨论购买决定时，也可能讨论你的销售资料。这样，销售员有机会以间接的方式影响一些他不可能亲自与之洽谈的人。

书面沟通虽然具有以上诸多优点，但它仍有缺陷之处。如果销售员说得含含糊糊，不能把所要表达的意思准确而清晰地表达出来，那么就会使顾客失去读下去的耐心，这样的话，将失去许多顾客，还不如直接与顾客去洽谈。书面沟通对销售的产品以及附加的服务等项目不能解释得比较详细，顾客常常要向销售员询问。书面沟通也要花费一定的成本。发出一封销售信函需要信封、纸张、印刷、付邮资，而如果你要发出大量信件的话，这笔资金加起来也不是一个小数目。

现实证明，许多销售员不愿意写信，他们还尚未意识到写信的好处。例如，美国一个著名的汽车销售员，每销售出去一辆汽车，他立即给顾客发出一张贺卡，祝贺他们买了新车；然后每月给顾客写一封信，并且用不同的信封。现在，他每天要写三万多封信。由于这种方式的应用，他已赢得了越来越多的顾客。

销售员在写销售信函的时候遵循下面四个原则，将对你写好书信有很大的帮助。

（1）完整

①是否提供了所有必要的事实？

②是否回答了顾客所问的所有问题？

（2）简洁

①是否避免不必要的冗长与复杂的文字？

②是否在一页或一页以内写出你所要说的一切内容？

③段落是否简短，且易于阅读？

④是否避免隐藏重要的情报？例如会议在何处、何日以及何时举行等。

（3）正确

①为求正确，是否检讨你的通信方式？

②你所做的承诺，是否与公司的政策相一致？

③有无核对你的文法、拼字以及标点符号？

④是否避免错字没擦干净就重复再写上去，或是草率地改正？

（4）亲切

①是否以友善、可被接受的方式书写？

②书写方式是否可引起你所希望的反应？

③是否避免使用过分复杂与绚丽的文辞？

④是否避免使用令读者反感的词汇与词句？

销售员在写信的时候，遵循这四个原则，就一定能够写好销售信函。一封好的销售信函必须具备以上四个条件，也就是说，销售员要介绍关于公司、产品、售后服务、价格、运输等一系列讯息给顾客；所提供的讯息不仅要准确无误，而且用语要力求简洁、干脆利落、通俗易懂；所使用的语言要显示出良好的态度，创造一种融洽的气氛，使顾客感到亲切。

口头沟通与书面沟通哪一种较好，销售员因各自的实践不同，可能会产生不同的意见。但这两种形式各有优缺点，销售员在销售工作中要综合使用，充分利用各自的优点，使自己销售的效果发挥到最大程度。实践证明，在销售工作中采用单一的形式，不如把两种形式结合起来更能促进销售。

好口才让你产生自信

作为一个销售者，必须让顾客的思想跟着你走。如果不是这样，你就丧失了主动权，不能将问题引向对你有利的方面。这样下去，销售工作往往以失败告终。

口才是排除销售障碍的保证。因为不同的顾客心态不同，要想把商品销售出去，将会遇到各种不同的情况。口才的作用就在于探知顾客心理，将顾客对你及产品的排斥心理消除掉，使销售工作圆满完成。销售员必须了解同一现象背后的不同动机，才能对症下药，排除销售障碍。而了解顾客心理的基本手段就是语言艺术的运用。通过各种有效的语言艺术，销售员可以探知顾客的心理类型，洞悉顾客的心理活动，了解销售障碍的形成原因，从而为使用正确的销售技巧、促使顾客达成购买行动奠定基础。

为了将企业生产的产品销售出去，销售人员就要采取各种措施，向顾客介绍产品的优点和使用价值，以期取得信任，激起需求欲望，达到销售的目的。为此，就要发挥口才说服顾客的作用。用口才说服顾客，一般采用洽谈、广告和开会三种形式。

潜在顾客不是因为销售员的花言巧语才购买商品，但销售员有效的语言艺术推动着顾客满足需求的过程。潜在顾客采取购买行动的基本前提是充分了解商品或服务带来的基本利益，没有对商品功能、特点的了解，潜在顾客不会采取购买行动。

请看下面的例子：

在马利特从事销售的第一年里，他的收入相当微薄，他只得兼职担任斯沃斯莫尔学院棒球校队的教练。有一天，他突然收到宾州切斯特镇YMCA寄来的一封邀请函，邀请他演讲有关"生活、人格、运动员精神"的题目，当他读到这封信时，诧异万分，心想自己恐怕无法接受这一邀请。事实上，马利特连面对一个人说话时都无法表达清楚，更别说有勇气面对一百位听众说话了。

由此马利特突然认识到，如果自己想要在任何方面有所成就，首先必须得克服和陌生人说话时的胆怯与恐惧。第二天，马利特拜访了费城的YMCA，见到了该中心的指导员后，把自己恐惧面对陌生人说话的弱点告诉他，并请教他是否有什么课程可以帮助克服恐惧和紧张，那位指导员微笑着说："我们有最适合你的课程，请跟我来。"

于是马利特跟着他走过长廊，来到一间教室里。里面坐满了人，此时刚好有一位学员演讲完毕，立刻有另一个人站起来，对刚才的演讲提出种种批评、指导。马利特坐在教室后面，指导员低声地告诉他："现在上的是大众演讲课程。"

在此之前，马利特从未听说过"大众演讲课程"。接着，轮到另一位学员演讲，他看起来非常害怕，他的样子反倒令马利特想到了自己："他就像我一样，紧张、害怕又胆小，我可能比他还糟！"

但是，这位学员却非常卖力地演讲，不时有手舞足蹈者的精彩画面，这一演讲完全吸引了听众的注意，马利特因此感到莫大的震撼，也产生了无比的信心："既然他能，我为何不能？"

不久，刚才那位站起来指导演讲的人回到席位，马利特被介绍与他认识，他就是戴尔·卡耐基。马利特对当时的演讲极有兴趣，便问卡耐基先生："我是否能加入呢？"

"我们的课程已上了大半儿，你最好等一段时间，再过一个月，下一期的课程就会开始了。"卡耐基先生回答。

"不！"马利特说，"我希望现在就加入。"

"好吧！"卡耐基先生微笑地握着马利特的手说，"下一个轮到你上台说说看。"

马利特当然又紧张了，浑身不停地颤抖，简直要被吓倒了。但是为了"改造自己"，马利特只得硬着头皮选了一个"我为何到这里寻求帮助"的题目，与大家闲扯一番。

虽然紧张，马利特终于还是完成了演讲。站在讲台上，马利特拼命地把自己想到的事全说出来——这辈子从未如此"忘我"地演讲。渐渐地，听众的脸仿佛在马利特眼前消失淡去，最后，大家竟对马利特报以热烈的掌声。

这次演讲对马利特而言是一项空前的成就，它使马利特克服了懦弱的性格，在此之前，马利特甚至站在众人面前时说一句"各位好"都很困难。

这件事已经过去30多年了，但那晚的演讲经验一直留在马利特的记忆深处，它是改变马利特一生的重大契机。

同样，口才也是赢得顾客信任的前提。

有人以为销售员一定要口若悬河，具有把死人说活了的本事。这其实是一种误解。人们的脾气、禀赋、性格各异，而优秀销售员的口才艺术则在于准确地使用语言，而不在于是否会吹嘘或者使用巧言辞令，比如什么"绝对可靠""绝对上乘""百分之百的""超级的""一流的""独一无二的""领先世界的"，等等，这些词语对于有经验的顾客来说，无异于一堆废话。相反，准确地抓住顾客的心理需求，言简意赅地介绍商品的性能、用途、质地以及维修、保养等知识，才能真正赢得顾客的依赖。

销售人员运用有效的语言艺术，可以把有关商品的信息传递给潜在顾客，唤起其消费需求，而且使信息传递过程变得更加生动新颖、更有针对性，从而增强信息刺激的力度、加速购买意图转化为购买行动的过程。

销售员要学会倾听

作为一个现代社会的销售员，不仅要口齿伶俐，能说会道，而且要善于倾听顾客的谈话，及时发现顾客的需求。

销售员也是公司的职员，必须在一段时间内完成一定量的业绩，时时处在销售责任额的压力之下，所以说销售员的工作是非常繁忙的。而有的顾客谈起话来没完没了，讲了一大堆还意犹未尽。因此，有些销售员认为自己没有足够的时间去倾听顾客的意见，觉得这是在浪费时间。殊不知，这样做正能节省销售员自己的时间。

有经验的销售员都非常注意倾听顾客的谈话。他们认为把时间用于倾听是值得的，这正如投资于某一个工程项目一样，虽然你现在投入了一笔资金，获利的希望还很渺茫，但是等工程结束以后，利润就会滚滚而来。现在你虽然花掉了时间去倾听顾客的谈话，但是你了解了顾客的需求和意见之后，就能根据顾客的需求和意见，提供产品，改进服务，这样就可以大大提高工作效率，比你不注意倾听顾客谈话的效果好得多。

销售员如果注意倾听，能避免许多不必要的误解。如果顾客误会了你的意思，就能很快地从他的话里反映出来；而如果你误会了顾客的意思，你也能从他的话里发现前后相反的意思。遇到这种情况，销售员可以立即向顾客做出解释，从而解除误会。

销售员注意倾听顾客的谈话，能给顾客留下良好的印象，与顾客保持良好的关系。在倾听顾客谈话时，销售员眼睛看着顾客，轻轻点头示意，或者用"好、对、嗯、啊"等告诉对方，表示你在认真注意听他讲话。在这种情况下，顾客对销售员的印象是非常好的，双方实现有效沟通的机会也多一些。

倾听虽然很重要，但由于有些销售员在倾听方面未受过完整的训练，因而缺乏良好的倾听技巧，未养成倾听的良好习惯，致使他们对倾听还存在误解。

有些销售员认为，只有说话才能控制销售谈话的主动局面。他们认为自己是权威的，倾听顾客的谈话实际上是贬低了自己。这种销售员还没有意识到倾听的重要性，他们实际上并不了解顾客，顾客希望别人认真倾听自己的谈话，当顾客意识到销售员充分透彻地倾听并了解自己时，是非常高兴的。经验证明，销售员认为倾听顾客的谈话可以产生一系列效果。当销售员真正能够倾听顾客谈话，就能在短时间内理解顾客，顾客就会产生若干变化。首先，顾客会感到如释重负，他会因为你倾听了他的谈话而感激你，连对你所在公司的抱怨也会因此而减轻。然后，顾客此时比较易于接受改变，这对于销售工作是非常有利的，是沟通的大好时机。

有效的倾听不只是用耳朵去听，它还需要听者专心致志，并且要有一定程度的紧张感。如果听者心猿意马，对方在说什么根本没有听，事后才意识到自己所听到的不过是自己的感受，其实什么也没有听清楚。对于销售员来说，可能会因此而漏掉重要的讯息，而这些讯息足以使销售效果发生明显的变化。

顾客与你的公司之间的摩擦与误解，会因为你有效的倾听而降低，甚至消除。例如，有的顾客一看见销售员，就抱怨销售员所在公司的服务是如何的差，顾客还可能列举出许多事实向你抱怨。对待这种顾客，你不要认为顾客是存心刁难，或者他将与你的公司断绝业务往来，事实上他仅仅是抱怨而已。销售员要认真地倾听顾客的谈话，适时地、恰当地加以解释。只要你以真诚的态度对待顾客，顾客的态度就会有很大程度的改善。

提高与顾客的沟通效果

人与人之间的沟通途径和方式，是丰富多样的。在公用事业中最常见的有电视、广播等。我们观看电视、收听广播，节目主持人在滔滔不绝地谈着，但他们是否达到了与我们沟通的效果呢？显然没有完全达到。如果要节目主持人与观众达到预期的沟通效果，"观众"与"节目主持人"只是两个必备的条件，还有一个极其重要的条件，那就是节目主持人所传达的"讯息"。

销售员与顾客的谈话，和节目主持人与观众的交流一样，要想沟通有效，必须具备下面三个条件：

（1）发讯者。发讯者是指提供讯息情报的人。

（2）受讯者。受讯者是指倾听发讯者谈话或接收到发讯者提供的其他讯息的人。

（3）了解发讯者提供的讯息所代表的意义和内涵。

要想产生有效沟通，受讯者和发讯者是不可或缺的两个条件。例如，对于电视新闻播报员和电视观众来说，一方面，受讯者必须打开电视，准备接受讯息，有接受讯息的欲望；另一方面，发讯者必须针对特定的观众，发出观众都能够了解的讯息，如图形、色彩、音调、字幕等。

我们必须了解，沟通是一个双向的过程，发讯者提供讯息给受讯者，受讯者必然有一个反应给发讯者。这个反应讯息有多种形式，如赞同、反对或表示沉默等。

从一定意义上来说，销售员和顾客都是沟通的受讯者与发讯者。假如你在向顾客解释一项非常复杂的产品时，顾客显得迷惑不解，而你也发现了顾客迷惑的神情，此刻，你充当的角色先是受讯者，你的任务就是将产品讯息传递给顾客，顾客是发讯者；同时，你也发现了顾客反应回来的讯息，顾客是发讯者，你是受讯者。

销售员作为沟通的一方，具有许多优点，是任何公共传播媒介也比不了的。你可以通过获得受讯者的反应讯息，马上得知顾客是否在接受你的讯息。你也可以通过询问顾客一些问题，即刻了解受讯者是否真正接收了你提供的讯息。

因为沟通存在双向性，所以你要了解对方，就需要站在对方的立场上，设身处地地替对方考虑。你是销售员，但是现在假设你是一名顾客，站在沟通双方的受讯者立场，重复发讯者所说的内容，使用这种办法即可确定你是否了解了这个讯息。你需要经常重复顾客的抱怨，充分理解这些抱怨的真正含义，这样，可以减少你对特定问题的误解。

但是，实际情况却往往相反。在许多销售的场合，都是销售员侃侃而谈，他们喜欢支配销售会谈的场面，自己掌握主动权。这实际上是一种单向沟通，而不是双向沟通。这样做的结果是常常错过了顾客表现出来的重要暗示，而顾客是否购买你的产品常常以各种形式表达出来。

为了了解顾客的真正意图与需求，销售员必须争取双向沟通的方法，当然这是一种沟通双方相互间的行为。

销售员在与顾客的沟通中，正确的心理行为具有特别重要的作用。因此，我们首先应该检验自己对顾客的态度，而不是首先研究顾客会有哪些心理特征。如果你与顾客的沟通效果不太理想，那么你应该制订一套计划，这将有助于改善你与顾客的沟通效果。

如果你意识到了以下各点，你与顾客的沟通效果将得到十分明显的改观：

（1）不要认为顾客会打断你的工作，事实上他就是你工作的对象。

（2）顾客对你不像你对他们那样依赖。不过，当他发觉你出了好主意，他的决定将取决于你。

（3）顾客本身就不是展开讨论的伙伴，而是你要认真倾听意见的对象，同时你要从谈话中推断出怎样才能最好地满足他们的要求。

（4）与顾客的第一次接触意义重大，因此，必须有意识地选择开场白。甚至有一种说法：销售的成功主要取决于最初的一句话。

（5）试图欺骗顾客，只会害了自己，损失了业务。

（6）顾客并不都一样，但有一点却是共同的：在每一位顾客那里都可以卖掉一些产品。

（7）如果顾客一再提出同样的异议，错误肯定不在顾客身上。

（8）据说有这样的情况：在某些天，你只会遇见那些令人不悦的顾客，就算这种说法成立，那么根据偶然法则，也必然会有某些天，你只会遇到那些令人愉快的顾客。

（9）没有不重要的顾客，当然，有很重要的、比较重要的和不十分重要的顾客，但是你要知道，他们都是重要的。

（10）始终别忘记，你自己就曾经是顾客，所以，你至少应该像自己当顾客时所期待的销售员那样去接待你的顾客。

如果在与顾客打交道时，你采取了以上建议的十个态度，那么，你与顾客沟通的把握性就比较大。

销售员与顾客之间要达到有效沟通，还必须了解顾客的行为。有时，顾客对销售员有一种防范的本能，显得比较拘谨。如果遇到这种情况，只有当你认识到了引起顾客拘谨的原因，才可能以有效的办法去克服它，做到与顾客有效沟通。

引起顾客拘谨的原因是多方面的：他是天生拘谨；他一时有顾虑，对所面临的事没有把握；他没有拿定主意，他害怕被迫接受什么；他不喜欢销售员谈话的方式；他没有把握自己是否在跟合适的公司商谈；他最终不打算购买，说"不"字时感到不自在；他想从销售员那里先获得讯息；他认为不是自己，而是销售员在进行这场谈话。当然，顾客的拘谨往往不只是出于一种原因，而是多种因素共同作用的结果。

销售员应该考虑下列问题：他是个什么样的人；他希望得到什么；他如何看待商品；该顾客可能有哪些购买动机；他有特殊的要求吗；他在为自己还是为别人购买；首先应该向他提供什么；应以何种形式提供货物，等等，然后考虑相应的对策，消除顾客的拘谨感，从而达到与顾客的有效沟通。

尽量减少沟通失败的可能性

顾客就是上帝，谁赢得了顾客谁就能生存下去。现在，几乎每一种产品都有同行业的相同产品或替代品与之争夺市场，争夺顾客，只有在竞争中取得胜利，公司才能够获利，得以继续生存。

同时，各公司为了争夺顾客，以广告为主的各种宣传手法纷纷出笼。各公司都通过报纸、广播、电视等新闻媒介以及户外广告海报、霓虹灯广告招牌等形式做广告，宣传自己的产品。甚至在电影、电视剧中也以各种形式做起了广告。

面对这种情况，销售员必须利用销售工作的优势，与顾客沟通，吸引顾客，在竞争中争取胜利。

要减少与顾客沟通失败的可能，必须了解哪些因素妨碍了你与顾客间的沟通。只有这样，你才能对症下药，克服自己的缺点。一般来说，阻碍你与顾客沟通的因素主要有：

（1）你自己对销售工作没有兴趣，缺乏耐心，因而在销售工作中精力不集中，没有全力以赴。

（2）你的销售工作组织得不好，你经常准备不充分，总是临阵磨枪。

（3）你不喜欢记录工作，讨厌写写画画。对于顾客的初次拜访和反复拜访没有做足够的记录，取得文件和资料。

（4）你总是按自己的意愿行事，销售工作时好时坏，效果不一。

（5）你不愿意向别人学习，总是按自己的一贯做法行事，对于销售课程、训练、讲座、讨论没有多大的兴趣。

（6）你不喜欢某些顾客，与他们合不来。

（7）你没有充分地利用公司印发的产品宣传材料，如产品说明书、图片、样本等。

（8）你有时不得不承认顾客是对的，公司是错误的。你既不想让顾客讨厌，又不想伤害顾客的感情，所以只好努力地说服顾客，让顾客接受你的看法。

（9）在进行销售谈话时，你的表达能力不够。

（10）当顾客对价格表示强烈反对时，你不知所措，不知道怎样说服他。

（11）你错误地判断了顾客的反应，过高地估计了顾客的兴趣和你认识的一致性。

（12）你对自己销售的产品和竞争者的产品了解不够。

（13）你的方法不当，激怒了顾客或使之感到不耐烦。

（14）你在谈话中没有探讨顾客的需要、愿望、目标和兴趣，你也不知道该如何开始业务洽谈。

（15）你未能很好地使用提问的方法，总是自己长篇大论，不给顾客发表意见的机会。这样，你不可能与顾客建立真正的联系。

（16）你没有认真倾听顾客的谈话，因而没有了解他的真实意图。

（17）你错误地领会了顾客的意思，产生了误解。

（18）你曲解了顾客的某些动作、神态，自作聪明地判断顾客的意思，产生了误会。

（19）你使用的语言由于专业术语过多，或者有歧义，导致顾客没有了解你谈话的内容。

以上我们探讨了有可能妨碍顾客与销售员沟通的因素。销售员必须采取某些预防的办法，使沟通失败减到最低限度。为此，我们提出了一些具体的建议，这就是"有效沟通10诀"。

（1）开口说话之前，先用头脑想一想。

（2）说话之前，先知道要说什么，以及为什么要说。

（3）说话的内容要适合当时的听众和状况。

（4）记得你说话的方式——音调的变化、用字的选择等——这些和你的说话内容同样重要。

（5）除了说话之外，还有很多沟通方式，配合脸上的表情与手势，你的身体也会传达某些讯息。

（6）配合收听者内心需求的说法，这种讯息最容易被对方牢记在心。

（7）听取收听者的反映，以确定讯息被了解与接受的程度。

（8）考虑讯息对收听者与组织的影响。

（9）不要说没有意义的话，以行动支持你所说的话。

（10）试着做一名善于倾听的人。

只要你按照这十条原则去做，你与顾客的沟通效果将得到很大的提高。根据这十条原则，我们又提出了几个具体的方法，以供参考。

1. 销售员尽量与顾客采用面对面的沟通方式

销售员与顾客采用面对的沟通方式具有很多优点，这与该方式本身所具有的特点是密切相关的。在面对面的沟通方式中，销售员与顾客直接见面，进行口头沟通，双方都可以直接了解对方的反应和对提出问题的看法，减少误解的可能，使销售员的销售时间缩短，更富有效率。

面对面的沟通比书面的沟通更直接，更有效。销售员作为发讯者，可以迅速地了解顾客是否接收到了自己发出的讯息。销售员只要询问顾客几个问题，或者观察顾客的反应即可了解。顾客如果对产品没有兴趣，可以表示拒绝，这让双方都可以节省时间；顾客如果有兴趣购买，则可进一步向销售员了解有关产品的情况。

面对面沟通产生误会的可能性比书面沟通小得多。在销售信函和其他书面材料中，顾客对于某些专业术语可能了解不多，因而会看不懂销售材料；或者由于文字方面的原因，顾客错误地理解了销售员的意思，因此可能会造成许多麻烦。有些时候，由于销售员个人的原因，如字迹潦草，顾客会对其提供的资料失去耐心，导致销售失败。而在面对面沟通中，只要销售员仔细倾听顾客的谈话，询问顾客某些问题，就可以用语言消除与顾客的误会，排解顾客的疑难问题。

2. 善于倾听顾客的谈话

善于倾听顾客的谈话对于销售员来说是非常重要的。只有认真地倾听顾客说了些什么，才能了解顾客真正需要什么，并做出正确的反应，使销售谈话顺利地进行

下去。倾听时，销售员要有耐心，在顾客说话时尽量不要插嘴。为了表示你正在听顾客讲话，你要凝视对方，对对方说的话轻轻点头示意，以表示你听清楚了顾客的谈话，这样显得

你对顾客比较尊重。

在倾听顾客谈话时，千万不要做出不耐烦的动作。如果你张口打哈欠，或者眼睛东张西望，顾客就没有信心讲下去，因而拒绝购买你的产品。倾听不是听者主动的活动，而是被动的活动。如果你显得心不在焉，那么你就不是一个成功的倾听者，你的销售成绩也会因此而大打折扣。

3. 不要对顾客失信

在销售活动中，信用是很重要的。没有信用的销售员的销售工作很难进行。如果顾客发现你的信用状况很差，他们还会购买你的产品吗？显然是不可能的。因此对于销售员来说，要遵守你的信用，实现你对顾客许下的承诺。这样，你将赢得许多顾客。

（1）要遵守时间。如果销售员与顾客约定时间洽谈，一定要遵守时间。如果你按时到达，会给顾客留下良好的印象，顾客会认为你有良好的信用。

（2）要说到做到。如果你销售的产品送到顾客手中以后，顾客发现产品的性能、品质等并不如你说的那样好，他必会对你感到失望。如果产品并没有按照你承诺的时间到达顾客手中，或者产品运送有误，顾客不但会继续找你麻烦，而且对你的印象也变得很坏。如果顾客将你的失误情况诉诸报纸、广播等新闻媒体，你的生意将会大大地受到影响。

4. 选择合适的沟通时间

销售员如果选择合适的时间与顾客进行沟通，就能将讯息

最大量地传达给顾客，收到事半功倍的效果。合适的时间对任
何人都是重要的，销售员与顾客的销售谈话也是如此。

销售员如果到顾客家中销售，顾客正在忙于做事，这时去
进行销售谈话，会使顾客感到不耐烦。

销售员努力奋斗的目标之一，就是要缩短每次拜访顾客的
时间。从各种不同类型的销售员的经验中可以看出：缩短每次
拜访的时间不仅是可能的，销售效果也不会因此而受到影响。
相反，由于拜访内容更为集中，效果也更好。

所以，必须有效地利用销售时间，增加沟通的机会。过去
人们认为，拐弯抹角、不直截了当谈论正题是一种比较好的方
法。现在看来，这种方法已经过时了。由于顾客忙忙碌碌，所
以他们更愿意接待一些长话短说的销售员。

说话直截了当的销售员与顾客沟通的可能性大一些。因
为在你与顾客刚见面的一段时间里，顾客对你的注意力比较集
中。说话直截了当不仅增加你与顾客沟通的机会，而且能够节
省时间，使你无需花费大力气便可以增加销售量。

第九章
切忌喋喋不休

通用电气公司某副总经理有言："在最近的代理商会议中，大家投票选出导致销售员交易失败的原因。结果有四分之三的人认为，最大的原因在于销售员的喋喋不休、言行不当，这是一项值得注意的结果。"

亲和友善的待人方式

销售员一定要学会在销售产品之前，先营造一个好印象。一般人在初次见面几分钟之内，就会给人形成第一印象，而这正是销售工作顺利与否的关键。销售员一定要留给客户积极正面的印象，这是硬碰硬的工作，没有人能逃避。想要给顾客留下一个好印象，销售员一开始首先就要考虑顾客的需要。你的好处、利益、心情高兴与否，全退居第二位。当我们自己是顾客身份时，同样也希望对方对我们存在兴趣，在必要时愿意照顾、配合我们。所有的专业销售员都应该以这种心情工作，一言一行都要真心诚意，不能稍有虚假，或心存狡猾。

一个好销售员的天性是喜爱他人，也一直在试图让别人快乐。如果你能让顾客或潜在客户感觉到你真心喜欢他们，也很敬重他们，那么你的销售生涯将会无往不利。虽然要一个人一直表现得不自私、不无聊是很困难的事，但越早改变想法、越早确定这种态度，对销售工作就越有利。

在卡特早期的销售工作中，有位先生曾经坚持要买两份同样的投资标的，一份是给他自己，另一份给他太太。卡特遵从他的要求，但在当天晚上输入客户资料时，却发现两份分开投资计划合计的费用，比以同样金额投资成一份计划的费用高出许多。第二天一早，卡特立刻跟客户说明，如果这两份投资能合成一份的话，至少可以省下20%的费用。客户很感激卡特，并且接受了这项建议。很显然，他并不知道卡特的佣金因此而大减。多年以来，客户对卡特的好感依然没变，而卡特的佣金损失，早就通过他所介绍的客户得到了更多补偿。

大多数销售员都知道，应该将顾客需要摆在第一位，但我们总是有意无意地忘记此事。为了一直保持和气快乐而友善的心境，请想一想，你想别人怎样对待你，就应怎样对待别人。

还有一点需要注意的是千万别挑顾客的毛病。

没有人喜欢被人挑剔。同样的道理，别挑客户的毛病，或是试图纠正对方。有一次，一位经理面试一个服装销售员，他说："虽然有些人的打扮实在让人不敢恭维，但我从不挑剔任何走进店里的顾客的衣着。因为他会这样穿，表示他自己一定很喜欢。如果我指出来，对他来说无疑是一种侮辱，很可能他当下就会一走了之。所以我总在不需提到他的穿着品味的情况下，展示我店里的衣饰。"

这个原则可以适用于所有的销售类型。比如说，你是保险销售员，千万别告诉客户，他手上已签有的保险合约根本一文不值。这等于是告诉他："先生，过去12年来你简直是笨透了，遇到我是你的福气，你变聪明了！"即使你没说得这么难听，不过效果同样糟。挑剔他现有的保险合约是很敏感的事，顾客会变得恼怒，你也会错失机会。

不管何时何地，尽量不要反诘或争辩。请把表达、争辩意见的习惯留在你的个人生活里，别用在销售中。销售员心里只能有一个念头："我来此就是要卖出东西。"只要你一开始争辩，不是很难说服顾客购买产品，就是完全丢掉生意。销售员不一定要和顾客有同样的看法，但对顾客的每项意见都要表示尊重。如果你能做成生意，和客户想法相同又何妨呢！

与别人和谐相处，是做一个成功销售员的先决条件。如果你暴躁易怒，经常生气或情绪失控，那么你只能单独工作，不能和其他人合作。像这样的工作实在很难找！销售员要给各式各样的人提供产品或服务。有些顾客和善、有气质，有些人很顽固，甚至粗鲁。不管顾客态度如何，专业的销售员要永远保持冷静、有礼的态度，即使没有结果也要有耐心。

喋喋不休是销售中的大忌

林肯总统成功的原因之一在于他擅长抓住问题核心，一针见血，可以说是一位"言简意赅的大师"。林肯的葛底斯堡演讲更是举世闻名，连他当时的对手都不禁赞叹他："如果我在两个小时的演讲里，能像林肯在两分钟的演讲里一样精辟透彻，我就心满意足了！"另外，让我们看下面这个例子。

马克·吐温曾经热衷于在密西西比河上下游间泛舟漂流，巨岩岛铁路局便决定架设一座横跨密西西比河的铁桥，以连接伊利诺伊州的巨岩岛和爱荷华州的戴文港。当时正是汽艇公司生意非常鼎盛的时期，该河上下游间所有的谷物、货品都需由汽艇公司承运，他们认为这种运输权利是神的恩赐，不愿被其他交通公司或路径所取代。

于是，为了阻挠铁路局兴建大桥的计划以及维护自己的既有利益，汽艇公司决定联手抵制这项计划，因而引发了当时一件很大的诉讼案。该地区财大势大的汽艇公司，聘请该州最有名气的律师卫德来辩护这桩运输史上的著名案件。

审判的最后一天，法庭内外人潮汹涌，被挤得水泄不通。卫德律师面对大群听众，滔滔不绝地发表了两个多小时的讲话，讲话一结束，立刻博得热烈的掌声。而当代表巨岩岛方面的律师起立辩论，所有的列席者都为他捏了一把冷汗，没有人认为他也能发表长达两小时的辩论。结果他讲了两小时吗？

不，他只用了一分钟说完以下的话：

"首先，我要向我的对手表示祝贺，他确实是个辩才，刚才他的发言十分精彩，但是。各位陪审员，卫德忽略了一个主要问题。毕竟衔接密西西比河东西两岸的重要性，并不输于该河上下游航运的需要。各位应考虑的是，究竟是否该为了上下游间的航运而牺牲连接该河两岸的交通。"

说毕，他坐了下来。

陪审团很快就裁决了此案，结果这位衣着朴素、身材瘦长的乡下律师获胜了，他就是亚伯拉罕·林肯。

在社交场合中，任何人只要有喋喋不休的坏习惯，再好的朋友也会逐渐疏远他。贝德加曾是个有名的"冗言专家"，朋友常私下提醒他："贝德加，我每次问你任何事，你都要以15分钟以上的时间回答我，其实你只需一分钟就可以说清楚的。"但贝德加并不在意他人的忠告。

直到有一日，他和一位时间非常宝贵的主管面谈，主管毫不客气地对他说："把握事情核心，别管那些细枝末节！"他的时间紧迫，并不需要过分润饰的长篇大论。

贝德加开始反省自己的事业为何失败，朋友为何对他不胜其烦，为何浪费那么多时间，他这才深刻体会到说话简洁的重要性。于是贝德加求助于妻子，请她在发现贝德加过于唠叨时，以食指放在她的嘴唇提醒他住口。

贝德加像躲避毒蛇般尽量避免冗言赘句。几个月之后。他说话比以前更精简了，但仍一直继续努力学习，希望此生不断训练自己语言方面的表达能力，真正做到言简意赅，一针见血。

你觉得你的自我控制能力还可以吗？是否一开口便"一发不可收拾"，说个没完没了？你是否往往因想说得更详细以致偏离主题？一旦你发觉自己浪费太多唇舌时，就该立刻住口！你不妨为自己装个无形的闹钟，该住口时绝不拖拖拉拉，不知停止。

取信于人才能让人信赖

要赢得客户的信赖，就必须表现出值得信赖的行为。大多数销售员只注意自己是否很值得客户信赖，但这却不是重点所在。所谓的"可信度"是靠着每件事情的兑现而点点滴滴建立起来的。

有一位汽车销售员喜欢利用花招将客户引诱上门。有一次，他打开电话簿，找到一个名字，他就打电话给人家："喂，钟先生，我是强森二手车公司的强森，恭喜你抽到本公司大奖，欢迎过来领你抽到的火鸡。"他脑海里所盘算的实际是：客户只要前来，就有机会向客户销售汽车。实际上，只有买了他的汽车才有火鸡赠送，根本没有中奖这回事。

随便抓一个人就打电话，而且自认为只要引起他的注意，然后展开销售攻势，就有希望取得订单，这种销售手法如何取信于人？

我们无意贬低汽车销售员，一些顶尖销售员就是从事这个行业的。我们以这个汽车销售员作个例子是想说明，随便打通电话告诉人家抽到一只火鸡，以此来展开销售攻势，这种手法实在不高明。这种欺骗客户上门的伎俩，不久就会遭到唾弃的。如果你卖的是火鸡，大可大谈火鸡；如果卖的是汽车，就只能说汽车，并让客户相信你，买你所销售的汽车是稳当可靠的。你一定要杜绝使用这些伎俩，如果任它们毁了你的可信度，那可就得不偿失了。

例如，答应9点钟打电话，就必须在这个时候打，而不是8点50分或者9点过2分。有些销售员把依约行事视为苦差事，有些销售员则靠这种职业精神来建立自己的可信度，并因为言行一致获得肯定。

如果认为这些"芝麻小事"无足轻重，那就大错特错了。在你和客户之间发展关系的过程中，客户就靠着这些"芝麻小事"来观察你，而此时是你能提高他对你的信赖度的唯一途径，就是兑现这些"芝麻小事"。向客户做一些无法实现的承诺，将使你无法赢得信赖。向客户说，你保证会在5分钟内传真一份报价单给他，会完全依照他的规格要求来估价，这尽管是些芝麻小事，但只要你认真做好这些芝麻小事，你将成为百万人中的顶尖销售员。

关系建立于互信，互信建立于各种行为表现。当然这并不表示你要对客户卑躬屈膝，那只会起到相反的效果。你要向客户证明，无论大小事他都可以百分之百地信赖你。久而久之，一旦你养成信守承诺的美德，你就一定能同时赢得客户的信赖和订单。

第九章 切忌喋喋不休

让你的声音富有魅力

怎么说话才能使你的声音充满魅力呢？你至少要具备两个基本条件：第一，要在乎自己说话的声音。第二，每天不断地练习自己说话的声音。想要发出有魅力的声音，有下列几个诀窍：

（1）咬字清楚、层次分明——说话最怕咬字不清，层次不明，这么一来，不但对方无法了解你的意思，而且会给别人带来压迫感。要纠正此缺点，最好的方法就是练习朗诵，久而久之就会有效果。

（2）说话的快慢运用得宜——当我们开车时，有低速、中速与高速，必须依实际路况的需要，做适当的调整。在说话时，也要依实际状况的需要，调整快慢。另外，音调的高低也要妥善安排，借此引起对方的注意与兴趣。任何一次的谈话，抑扬顿挫，语速的变化与音调的高低，必须像一支交响乐一样，搭配得宜，才能成功地演奏出和谐动人的乐章。

（3）运用停顿的奥妙——"停顿"在交谈中非常重要，但要运用得恰到好处，既不能太长，也不能太短，这需靠自己去揣摩。"停顿"可整理自己的思维，引起对方好奇，观察对方的反应，促使对方回话，强迫对方下决定，等等，不能不妥善运用。

（4）音量的大小要适中——在一个房间里，如果音量太大，声音就会成为噪音了。而且声音太大，非常刺耳，会惹人讨厌。相反，音量太小，使对方要身体前倾用心听才听得到的话，那也是不对的。

（5）词句须与表情互相配合——每一个字、每一词句都有它的意义。平常我们说话时，都用词句予以表达，如此而已。单用词句表达你的意思是不够的，必须加上你对每一词句的感受，以及你的神情与姿态，你的谈话才会生动感人。例如，欢喜、愤怒、哀伤、疲惫、热心、平安等这些词句，要如何加入你的感受与表情传达给对方呢？这全靠长期的苦练了。

（6）措辞高雅，发音正确——一个人在交谈时的措辞，有如他的仪表与服饰，深深影响谈话的效果。销售员偶尔也会碰到风度翩翩、谈吐不俗的人，这些人就是你学习的对象。注意他们的谈话，记下他们的优点，多加琢磨，自会提升自己的水准。另外，对于那些较为艰涩的字眼，发音要力求准确，因为这无形中会表现出你的博学与教养。

以上是说出有魅力的声音的几个诀窍，下面我们举出一个用声音说服准客户的实例。

有一次，明治保险公司的一名销售员被一家成衣公司挖走了。企业之间彼此挖墙脚是较为常见的，不足为奇，但这家成衣公司的总经理非常讨厌保险销售员，只要是保险销售员来访，他一概不接见。这么一个讨厌保险销售员的人，居然挖走了自己公司的员工，这件事激起了保险公司总经理——温士顿的好奇与斗志，他决心要会会那位总经理。

首先温士顿从各方面调查这位总经理。他是小诸的人，对同乡会会务很热心，有兄弟多人，其中还有当大学教授的。他最初在三越百货公司服务，后来到大阪从事成衣批发的生意，如今在北海道还有一个世界上规模最大的牧场。接着温士顿到该公司的传达室去进一步听消息。

"请问总经理大约什么时候来上班呢？"温士顿问。

"大约十点左右。"那位年轻貌美的传达小姐很客气地回答说。

温士顿又顺便打听出这位总经理的车牌号、颜色、车型等。

次日上午10点钟，他又去该公司的大门前蹲守。等那部车开进来时，有一个人从车上走出来。温士顿判断他大概就是总经理，便立刻用自己的照相机，偷偷地拍下他的照片。

回家后，温士顿立刻把照片冲洗出来。唯恐拍错了人，因此温士顿拿着洗好的相片到传达小姐那里确认。

"小姐您好！前几天打扰您了，有一张贵公司总经理的相片请您看一看。"

"哦！拍得很好，是您拍的吗？"

"是呀！"

既然核对无误，温士顿决定立刻燃起战火。于是他问传达小姐："总经理目前是否在总经理室办公呢？"

"不，他好像在外面的大办公室里。"

温士顿早已调查得知，这位总经理很少在总经理室办公，他平常喜欢脱掉西装，与员工在外面的大办公室一起工作。倘若不是温士顿准备充分，一时之间根本认不出哪一位是总经理。他只穿着衬衫，与职员们忙成一团，整个办公室朝气蓬勃。温士顿轻松自然地从他的斜后方走过去，并且轻轻拍了一下他的肩膀。

"总经理，好久不见啦！"

那位总经理转过头诧异地说："咦！我们在哪里见过面呢？"

"哎哟！贵人多忘事，就在同乡会呀！我记得您是小诸的人，对不对呀？"

"不错。我是小诸的人。"

一直到这个时候，温士顿才掏出名片递给总经理。

一开始，他就拉开嗓门说：

"总经理，我相信贵公司的员工原先并非立志终身奉献成衣业而到贵公司服务（这时他的声音逐渐提高），他们都因仰慕您的为人，才到贵公司服务。全体员工既然都怀抱对您的仰慕之情，您打算如何回报他们呢？我认为最重要的是您的健康，您必须永葆健康，才能领导员工冲锋陷阵。如果您的身体坏到无法投保的话，您怎么对得起爱戴您的员工呢？您喜欢或讨厌保险，您要不要投保，那是次要的问题。现在最重要的是，您的健康是否毫无问题，您曾经去检查过吗？"

温士顿一口气说到这里，想到运用"停顿"的妙方，于是突然打住。这时，整个办公室鸦雀无声，大家都在等待总经理的回答。总经理显得有点儿手足无措，隔了一会才说："我没有去检查过。"

"那么您应该抓住机会去检查呀！机会必须自己去创造并好好把握才行。让我为您服务吧！我将带着仪器专程来贵公司给您做身体检查。"

总经理沉默了一会儿，温士顿也闷不吭声。

最后总经理说："好吧！那就麻烦你了！"

就这样，一位最不喜欢接待保险销售员的总经理被温士顿给攻下了。

用言语刺激客户的购买欲

当我们指出客户的需求，而客户依然表现不是很积极、购买的欲望仍不是很强的时候，你不妨再略施小计，刺激他的购买欲，此时语言技巧尤其重要。

引用别人的话试试。有时你说一百句也顶不上你引用第三者的一句话来评价商品的效果好。这种方法的效果好是毋庸置疑的，但是如果你是说谎而又被识破的话那就很难堪了，所以你应该尽量引用真实的评价。一般来说，你引用第三者的评价会使客户产生安全感，在相当程度上消除戒心，认为购买你的商品要放心得多。

最有说服力的引言莫过于客户周围某位值得人们信赖的人所讲的话。你可以先向这样的人物销售你的商品，只要你够机灵，从他的口中得到几句称赞应该不会太难，而这句称赞将是你在他的影响力所及的范围内进行销售的通行证。如果某个"大人物"曾盛赞或者使用了你的产品，那么这将使你的销售变得比原来容易得多。"大人物"可以是电影演员、知名运动员、政界要人等人们比较熟悉的人物。因为他们往往比你容易受到信赖，和他们相比你陌生了许多，自然说服力也就不那么强了。当然这也是广告惯用的手法，在此不妨搬来试试。

如果这些人都无法利用，此时你不妨用广告语言来形容你的产品，或可收到独特效果。广告语言具有用词简练、感染力强的特点。如果你的产品在一些媒体上进行过宣传，你不妨借用一下广告中的标题语言，如果客户看过广告则会起到双重印象的效果，如果没有看过，客户也会觉得新鲜有趣。因此，注意语言生动是极其重要的。

当然，你还可以帮助客户出谋划策，使其感到有利可图。一般来说，客户对于额外的收获还是乐于接受的。在介绍产品时不妨提供一些优惠条件，或赠送一些小礼品，以刺激客户的购买欲望。

刺激对方的购买欲就是要让客户明确地认识到他的需求是什么，而你的产品正好能满足他的需求。

主动上门找客户去销售与客户来商店选购在这一点是不同的。客户往往是有了明确的需求才去商场里寻找需要的商品，而你带着商品上门时，他们往往并没有明确的意识自己是否需要这种产品，有许多客户或许根本就不需要。这时就需要你根据客户的兴趣来找出他的需求，甚至是为客户创造需求，然后再将其需求明确地指出，如有可能，可以向客户描述他拥有你的产品需求得到满足后的快乐，激发客户的想象力。

例如，你销售的产品是打字机，当你向客户展示产品后，客户对产品各方面都感到满意，并且表现出了兴趣。但你发现他只是有兴趣而已，并没有购买欲，因为他没有考虑到打字机对他有什么用处，他并没有对打字机的需求。在整个交谈过程中，你获知你的客户有一个正在读书的女儿，此时你不妨来为他创造一下需求，告诉他："如果您的女儿有这么一台打字机，我想，不用多久她一定能打出一手又快又漂亮的字来。"

听了你这句话，客户会在心里想："对呀！我怎么没想到女儿需要一台打字机呢？"如此一来。他就有了购买欲。如果你再刺激他去想象女儿因为能打一手好字而在将来的竞争中处于优势，那么你成功的把握就更大了。

促使客户想象，就是要让他觉得眼前的商品可以给他带来许多远远超出商品价值之外的东西。一旦拥有甚至会给他带来一个新的世界、新的生活。当然你启发客户想象应该是基于现实的可能，而不应是胡思乱想。

为客户指出他的需求时应注意用词委婉，不可过于直截了当，最好不要用诸如"我想，你一定需要……"或"买一件吧，不会有错的"等语句，这样的话会使对方感到你强加于人，不免起了逆反心理。

对顾客一定要讲实话

最近有人在一所大学里做了一项研究，想要了解平均每个人在一天之内说了几次"非恶意的谎言"。你是否猜得出这项研究的结果？

这项研究的结果是，平均每个人每天说了200个左右的非恶意谎言。让我们来弄清楚这份研究的目的何在。这些研究人员所谓的"非恶意谎言"，是当一个人并不乐意于见到某人时，还要对他说："很高兴今天你能抽空儿过来。"这种虚情假意对应酬性面谈并不会造成伤害，它们不是我劝读者对客户说实话时，建议你避谈的那种谎言。

销售是一份关系导向的工作，销售员靠信任及个人接触去培养关系，其成败即决定于关系的稳固与否。对销售员来说，偶尔说些"非恶意谎言"无伤大雅，但不宜扯其他种类的谎言，让我们来看看一些实例：

"您的办公室真不错，我希望也能有一个像这样的办公室。"(事实上，你的办公室比他的还气派)

这只是一项雕虫小技。一些推销员认为，寻求类似批评，以缓和僵持的场面，可以让拜访轻松一些。如果你的"非恶意谎言"过度夸张，会造成什么后果呢？就算这位客户对"你拥有漂亮的办公室"这项事实略有所知，这种技巧性的说辞是否会有负面影响？绝对不会！

"有关您所要求的送货时间，我还需要再向技术部门求证，但相信我们是办得到的。"(事实上你很清楚，不管如何向生产部门人员哀求，你绝对无法准时交货，起码要迟两个星期)

红灯亮了！你企图任意假造自己解决问题的能力，来和潜在客户建立一份新关系。在事情搞砸的时候——十之八九会发生这种情形——客户不会接受"生产部门没有大力配合"的托词，他们所在意的是，你没有准时交货，他们在约定日两个星期之后才收到这批货。届时，客户不会再将你视为问题解决者，反而会将你视为问题人物：一个无法达成承诺的销售员。这种言而无信的行为，如何能再取得第二张订单？

如果你认为以上的论点还不够具有说服力，那让我再举一个例证：一旦你迎合每个人的期盼，只说他们想听的话，最后不免会面临一个严重的问题，陷入无法自圆其说的尴尬局面：面对着15个不同的客户，每个人都接受了你不同的美丽谎言，你迟早将会陷入无法脱身、跌得鼻青脸肿的困境。

不要冒这个风险，说老实话吧！事实是比较容易记住的。

第十章
热忱相待

热忱是一种精神特质，代表一种积极进取的精神力量，这种力量不是凝固不变的，而是不稳定的。不同的人，热忱程度与表达方式不一样；同一个人，在不同情况下，热忱程度与表达方式也不一样。但总的来说，热忱是人人具有的，善加利用，可以使之转化为巨大的能量，从而推动工作快捷有效地完成。

销售需要关爱和热情

当销售人员向顾客进行销售时，如果想和顾客有共同话题，拉近彼此间的距离，就要抓住对方的爱好。因为，每个人在谈到自己的爱好时都会有兴趣，心情都会愉悦起来，这样很有利于销售人员开展工作。

尤其是在大众商品销售中，销售人员往往需要同一些"重量级"的人物打交道。这些人往往架子很大，一般人攀不上，销售人员与其平起平坐地谈生意更非易事。遇到这种情况，直来直去是不行的，最好的办法是要对顾客的工作、生活及性情爱好有较全面的了解，找到沟通的环节，引发对方的兴趣，从感情上去接近他。事实上，这些人显然看起来高不可攀，私下却也和平常人一样，有自己的爱好。如果销售人员能够找到这些人的爱好，便更容易和他们交往，并最终达成合作。

1. 以情动人

很多销售人员在销售过程中会遇到这种情况：那顾客已经有了与他常打交道的销售人员，始终不愿意接受其他销售人员。到了这个时候，顾客在乎的已经不是产品了，而是和销售人员的那份老交情。遇到这种情况时，销售人员要勤跑动，争取和顾客跑出交情。俗话说，"一回生，二回熟"，腿勤嘴勤，交情也就有了。

销售人员如果能够做到腿勤嘴勤，就会赢得顾客的好感。尤其是在恶劣的天气时，如果销售人员还能够去走访顾客，会让顾客觉得不好意思拒绝，在心里产生"他真不容易，再不能让他白跑了"的负罪感。当这种感觉加深到一定程度时，顾客自然会让步。

2. 用行动感化顾客

许多人都认为销售人员能言善辩，老实人做不了这一行。其实，根据调查，外表老实、言语不多的销售人员更容易被顾客接受。他们很容易让人放松下戒心，不对他们产生敌对情绪，并且非常理解他们。尤其是老实的人通常会比较勤劳，虽然他们说的不多，却懂得用实际行动感化对方。

有的时候，行动胜过一切。但是，销售人员要切记，情感销售用的是真情，是以诚动人。如果运用不当，反而会让顾客产生被欺骗、同情心被利用的感觉，继而产生一种厌恶感。如果顾客对销售人员失去了信任，那么销售就只能以失败告终了。

3. 重视服务态度

有许多销售人员太重视销售额而忽略了其他，导致自己的态度恶劣。如果销售人员光是看重销售额的话就大错特错了。

如果产品不是绝佳，但遇上使人高兴的销售员，顾客还是会受感染的。所谓"伸手不打笑脸人"，无论你心里有多么不满意，但面对一位笑容可掬、努力向你销售产品的售货员时，你实在很难甩袖而去。

一个好的销售人员应拥有端庄的仪表，爽朗的性格，丰富的创造力，过人的耐性、信心和眼光，且要掌握所有销售商品的知识，能举一反三，答复顾客的疑问。

销售人员最忌用的字眼是"这件东西很贵的"，无论他的语气多么礼貌，都会给人一种瞧不起别人的感觉。"这点我不大清楚"也是销售人员的致命伤，这时可用其他实质性的建议远离那些不知道的话题。

总之，没有热忱，军队就不能打胜仗，雕塑就不会栩栩如生，音乐就不会如此动人，人类就没有驾驭自然的力量，给人们留下深刻印象的雄伟建筑就不会拔地而起，诗歌就不能打动人的心灵，这个世界上也就不会有慷慨无私的爱。

热忱使人们拔剑而出，为自由而战；热忱使大胆的樵夫举起斧头，开拓出人类文明的道路；热忱使弥尔顿和莎士比亚拿起了笔，在树叶上记下他们燃烧着的思想。

热忱，使我们的决心更坚定；热忱，使我们的意志更坚强！它给思想以力量，促使我们立刻行动，直到把可能变成现实。

销售人员一定要记住热情服务的重要性。毕竟，销售产品之间的差异并不大，销售人员想取得销售的成功，就必须抓住热情服务这张王牌。

"真、善、美"式的服务

有一个大胖子一年到头都在换工作，因为他的脾气不好，而且好吃懒做，很少有雇主喜欢他，所以他只好到外地打工为生。

他的朋友说：

"唉，胖子，我给你介绍一个好工作。这个工作轻松愉快，整天没有什么事干，而且不用和别人争吵，又有钱。这最适合你了。"

这大胖子一听，就仔细问是什么工作。他的朋友就说："嗯——西村呢，有个富有人家要一个看守墓园的人，你看，好不好哇？"

大胖子想了想，觉得他的朋友讲话蛮有道理的，所以就答应上班了。结果不到三天，大胖子就回来了。他向他的朋友大发牢骚："这算什么？只有我在工作，其他人都躺下了！"

能够服务是件可喜的事，只有通过服务，人生的价值和意义才能够被肯定。

任何销售都可分为两部分：一是销售有形的商品，二是销售服务的品质。因为销售是个注重口碑的事业，讲求"温暖销售"，更是必须做到百分之百的服务，才能得以永久生存。

刚开始，每一位销售商一定要拥有零售顾客。但是如何针对零售顾客提供完美全的服务呢？在此，可通过"真、善、美"三方面来探讨。

首先，我们来看看"真"的服务。

服务若失真，则毫无意义。只是应酬式的敷衍，永远无法满足顾客的需要，更别说去满足了。譬如您的顾客使用产品后，短期内并没有看到显著的改善，因此对你有所质疑。而此时，你不应该鼓起如簧之舌："啊哟，不会吧！您的皮肤真得变白了啦，真的、真的，您的皮肤很好了！您瞧，您瞧，您气色变得多好！"这个时候，不应该讲这一类的话，而应该真实地告知："并非每个人短期便可有显著的效果。"鼓励她耐心地继续使用，并且详细地询问其他细节加以解释、沟通。如果顾客用得不适应，则应该替她办妥退货手续，让顾客对您产生信赖，才可以建立永久的关系。所以为了建立良好的销售网，"诚实"永远是最上策。

其次，我们再来看看"善"的服务。

　　"善"就是要做到细心与关心。在销售事业里，所有人的身份都可能是双重的。他今天是个消费者，明天也许是个销售商。你们之间除了消费产品的往来，还可以分享许多成功的喜悦。您若知道顾客的儿子最近需要请一位家庭教师，不妨在平时多替他留意一下；或者他对园艺有兴趣，不妨替他留意一些剪报收集消息。事实上，很多服务是举手之劳，打一通电话或找某个人，顾客的难题就可解决了。如此的服务也最容易收到成效。

　　最后我们来看一看"美"的服务。

　　穿着得体，形象端庄，是一种视觉上的服务；说话清晰，自然而有内容，是一种听觉上的服务；脸上常带微笑，举止温文有礼，是对顾客的感性服务。当然，交到顾客手上的产品包装一定要完整，没有污损，让顾客有一种赏心悦目的感受。

　　在销售事业里最美丽的回馈就是当您真心诚意地服务他人的时候也等于在服务自己。提供"真、善、美"的服务，将会使我们的销售事业更顺利如意。

热忱的人总能高效地完成任务

　　热忱这个词语，源自希腊语，意思是"受了神的启示"。热忱是一种精神特质，代表一种积极进取的精神力量，这种力量不是凝固不变的，而是不稳定的。不同的人，热忱程度与表达方式不一样；同一个人，在不同情况下，热忱程度与表达方式也不一样。但总的来说，热忱是人人具有的，善加利用，可以使之转化为巨大的能量，从而推动工作快捷有效地完成。

耶鲁大学最著名也最受欢迎的教授——威廉·费尔波在他极富启示性的《工作的兴奋》中如此写道："对我来说，教书凌驾于一切技术或职业之上。我爱好教书，正如画家爱好绘画，歌手爱好歌唱，诗人爱好写诗一样。每天起床之前，我就兴奋地想着有关学生的事……工作之所以能够高效地完成，最重要的因素就是对自己每天的工作抱着热忱的态度，热忱是我们最重要的财富之一。"

是的，每个人都具有火热的激情，只是这种热忱深埋在人们的心灵之中，等待着被开发利用，为高效的业绩和有意义的目标服务。同样一份职业，由具有热忱的人和没有热忱的人去做，效果是截然不同的。前者使人变得有活力，工作干得有声有色，创造出许多辉煌的业绩；而后者使人变得懒散，对工作冷漠处之，当然就不会有什么发明创造，潜在能力也无法发挥。一个人不关心别人，别人也不会关心他；自己垂头丧气，别人自然对他丧失信心；如果成为这个职业群体里可有可无的人，也就等于取消了自己继续从事这份职业的资格。可见，培养职业热忱是竞争的至关重要的条件。

内心里充满热忱，工作时就会兴奋，精神也就会振奋，同时也会鼓舞和带动周围的人提高工作效率，这就是热忱的感染力量。在职业生涯中，要想把工作做得又快又好，把自己的事业经营得大有起色，必须保持工作的热忱态度。只有当热忱发自内心，又表现成为一种强大的精神力量时，才能征服自身与环境，创造出一个又一个令人叹服的业绩，保证自己在激烈的竞争中立于不败之地。

一个能够拥有热忱态度的人，不论从事什么职业，都会怀着极大的兴趣。因为有了兴趣，自然而然地会热爱自己的工作。不论遇到多少困难，或需要多么艰苦的训练，始终会用不急不躁的态度去面对。只要抱着这种态度，任何人都会快捷完满地达到他所要追求的目标。

曾任纽约中央铁路公司的总裁佛里德利·威尔森，在一次接受采访时被问及如何才能高效工作促进事业成功，他回答："我深切地认为，一个人的经验越多，对事业就越认真，这是一般人容易忽略的成功秘诀。成功者和失败者的聪明才智相差并不大。如果两者实力接近的话，对工作较富有热忱的人，一定比较容易获得更多的业绩。一个不具实力而富热忱的人和一个虽具实力但不热忱的人相比，前者的成功也多半会胜过后者。"

任何事业，要想获得成功，首先需要的就是工作热忱。投入越强烈，工作就变得越可行，工作的人信心也跟着大增，业绩也会日渐显著。你投入越多热忱，事情就变得越容易，做起来就越能轻松地实现。当你认真地想做，一切都变得很有可能，没有什么是太麻烦或太困难的。在热忱面前障碍就像田径赛的栏栅一样，等着被征服。

假如一个人缺乏热忱，一定是一个无精打采的人，即使所有的机会都来到身边，也会稀里糊涂地把它们丧失殆尽，工作效率就会难以保证。因此，事业成功离不开高效的支持，其要诀是用全部身心开始自己的工作。不论你从事什么工作，你都必须热爱它，并全身心地投入进去。你会得到一种神奇的力量，当这股力量被释放出来，足以克服一切困难。因此，对工作热忱是一切希望成功的人必须具备的条件。

《时代》杂志引用爱德华·亚皮尔顿（伟大的物理学家，曾协助发明了雷达和无线电报，也获得了诺贝尔奖）的一句具有启发性的话："我认为，一个人想在科学研究上有所成就的话，热忱的态度远比专门知识来得重要。"这句话如果出自普通人之口，可能会被认为是外行话，但出自亚皮尔顿这种权威性的人物，意义就很深远了。在科学的研究上热忱如此重要，那么对普通的职员来说，热忱在工作中也应更重要。

你要找到自己的热忱，正如信心和机遇那样，全靠自己创造，而不要等他人来燃起你的热忱火焰。缺少自身的努力，任何人都无法使你满腔热忱；没有自身的努力，任何人都无法使你获得工作的高效。那些充满乐观精神、积极向上的人，做任何事都因为拥有热忱而有使不完的劲儿。

为客户多做一些

"客户买的不仅是你的产品，买的更是你的服务。"

巴纳是一位杰出的家具销售员。有一天，一位顾客来到他的家具行挑选家具，那位顾客看了所有的家具之后，都没有相中，正准备离开。这时，巴纳走过去对他说："先生，我可以帮助你挑选到最好的家具，我是这里的销售员，我很熟悉附近的家具商行，我可以陪你一起去挑选，而且可以帮你砍价。"

于是，这位客户就带上巴纳来到了别的家具商行，但是，他挑选了很久依旧没有挑选到最好的。

后来，这位先生对巴纳说："我还是决定买你们的家具。不是你们的产品比其他的好，而是你的服务精神是任何一家公司都难以做到的。"

结果，这位先生和巴纳做成了一笔很大的买卖，之后还给巴纳介绍了许多客户。

在很多人眼里，巴纳开始的做法也许让人不可思议，但是，正是因为他对客户提供了最好的服务，他最终赢得了这位顾客，同时还通过这位顾客做成了更多的生意。

也许你和巴纳不一样，你仅仅只向你的同事、上司提供你的服务，但是，你也可以像巴纳一样，为你的客户提供更多的服务，哪怕不是你职责范围内的事情。

你所付出的服务会为你带来意想不到的回报。想一想种小麦的农夫吧！如果种植一株小麦只能收获一粒麦子，那根本就是在浪费时间。但事实上一株小麦可以收获很多的麦子。尽管有些小麦不会发芽，但无论农夫面临怎样的困难，他的收成必定多出他种植的好几倍。

这样的情形也适用于你的各种服务之中，如果你付出价值100美元的服务，则你不但能够收回100美元，而且还能够收回好几倍。而到底能够收回多少，就看你是否抱着正确的态度去付出了。

假如你不是以心甘情愿的心态去提供服务，那么你可能什么回报也得不到，如果你仅仅只是为了谋取自己的利益而去服务，那么你可能连希望得到的利益也得不到。

在一个下雨的下午，一位老妇人走进费城的一家百货公司，大多数的柜台人员都不理她，但是，这时有一位年轻人却走过来问她是否能够为她做些什么。当那位老妇人回答说只是在这里等雨停时，这位销售人员并没有转身离去，反而拿给她一张椅子。

雨停了以后，这位老妇人向年轻人说了声谢谢，并向他要了一张名片，几个月后，这个百货商店的店主收到了一封信，信中要求派这位年轻人去纽约收取一整座大楼的装潢订单！这封信就是那位老妇人写的，而她正是著名的钢铁大王卡耐基的母亲。

当这位年轻人前往纽约去收取这笔订单时，他已经成为这家百货公司的合伙人了。

这个年轻人之所以获得了这么好的机会，仅仅就在于比别人对客户付出了更多的关心和礼貌。

很多人总是期望这样的事情发生在自己身上，原因就在于他们不愿意多付出一点点。如果你不满意你的现状，请记住，在你的付出没有超过你的所得时，你没有权利要求更高的薪水。

第十章 热忱相待

顾客永远是对的

你曾见过从未失去耐心或冷静的人吗？答案当然是不可能。每个人都有沮丧的时刻，专业人士都知道，当你面对顾客时必须经常训练控制自己的情绪。如果不能控制脾气，或在展示过程中和顾客争辩，你的银行存款恐怕要大受影响。

要保持冷静或不说太多话并不容易，尤其是在客户明明有错时更难。无论如何，你必须控制自己。在销售的过程中，每当你处于失控边缘时，一定要站在顾客的角度来思考。有句话说，消费者永远是对的，遵循这样的理念，你便更容易与顾客拉近距离，顾客也会体会到你发自内心的真诚服务。

如果销售员和顾客争辩，最后会是赢家吗？他会觉得赢得辩论很骄傲吗？赢了争辩，却丢了生意，是最不合算的事。

切记，千万不要嘲笑顾客，要尊重他的信仰和出身，不能有厌恶的情绪，更不能轻视对方：千万不要对顾客的个人隐私做任何评论。身为销售员，有太多因素会让你丢掉生意的。

应对好争辩的顾客是一件不容易的事，必须要有耐心和经验，而耐心是可以培养的。

当你感觉顾客开始要争辩时，最好的办法就是利用他的反对意见，让自己得利，这需要一点儿想象力和心理学的认知。

销售员可以将自己的概念灌输给顾客，并且让顾客相信，这些看法是他自己思考出来的；当顾客有不同的意见时，销售员可以说："的确是这样，李先生，大多数人都跟您有一样的想法，您已经了解了最重要的部分……"说完，销售员可以继续强调自己的想法。切记，"永远不要"试图纠正或对顾客的评断说："不对，小姐，我不同意！"或是说："不对，先生，您错了！"

将"不"字从你的字典中除去，看完这一章，你唯一要记住的就是：从你的销售话语中，除去"不"这个字，同时用"对，但是……"来代替，这是增加销售最聪明的方法。为了帮大家记住这个要点，我要举一个例子：

有一天顾客对你说："你看，今晚月亮开始变绿了！"你该做的就是走到窗边，望望月亮，然后走回来，带着一贯的笑容对顾客说："没错，先生，月亮是有点儿绿，但我们人在晚上多少都有点儿色盲！"

耐心记录资料会给你意外的惊喜

记录资料对于销售员具有重要的意义。它可以帮助销售员迅速地寻找相关的讯息，提高销售工作的效率。尤其在拟订计划时，这些记录资料的重要性显得尤为突出。因为这些记录资料可以全面地提供讯息，为制订一个详细的计划打好基础。

如果缺乏记录资料，有时可能会导致失去顾客。假如你听到了一个非常有价值的讯息，但你却没有及时地记录下来，将来这条讯息记忆有差错或者忘记了，你会非常遗憾。

具有创造性的销售员，在进行销售工作之前，通常都为自己制订一个目标，这个目标可以是必须达到多少销售额，也可以是必须寻找到多少目标顾客。为了达到这个目标，需要拟订一份达到这个目标的计划。

在拟订计划时，销售员要考虑自己作为发讯者，怎样才能使讯息最好地传达到顾客那里？销售员必须对下列问题进行考虑：关于洽谈主题，我能够说些什么？必须说些什么？我应该采取怎样的销售策略？我准备花多少时间来寻找目标顾客？然后把这些问题的答案都写下来。

有经验的销售员，经常把目标顾客的名字按拜访的先后顺序排列，制成一份名单。这样做，可以有效地防止遗忘。当你已经制订好计划拜访目标顾客或寻找目标顾客时，这份名单是很好的备忘录。由此看来，制作记录资料是很有用的。

许多公司都印有专门的表格，发给销售员使用。这样做不但可以督促销售员制订和保存记录资料，也能为他们查找讯息提供方便。

销售工作并不是一帆风顺的，可能会遇到许多困难与挫折，尤其在与顾客的接触过程中，遇到的困难也就更多。因为顾客并不都是容易接近的，人的性格本来也都是各不相同的。有的顾客对你的产品没有兴趣，因而表现得相当冷淡，销售员也只是浪费了些时间而已；而另外有些顾客态度则相当粗暴，如何对待这种情况呢？

尽管销售员力求避免，但发生争执或辩论的可能性仍然存在，销售员必须使争论变为平和的讯息交流。一般来说有两种方法：一种是积极的退让，转变一个话题，表示自己再考虑一下，等气氛平和下来，使交谈继续进行下去；另一种是积极的争辩，也就是人们常说的据理力争，在据理力争时，销售员要注意：一是先礼后兵，先谦虚或抱歉，再理直气壮地切入正题：二是不要伤害对方的自尊心，不揭其隐私：三是不要急于求成，给对方留下台阶：四是主动调和，不求虚荣。只要销售员做到了这几点，即使发生了激烈的争论，双方的心理上都很容易恢复平衡。

正因为销售工作有许多困难，所以创造性的销售员都应给顾客写感谢信，感谢顾客对自己工作的支持。这样做，可以使销售员在公众心中留下良好的印象，同时还可以扩大自己的影响，吸引顾客，并使自己以后的销售工作更加顺利。